JN260642

男性編

いまラクになる「笑顔」の本

リワーク・インストラクター
山﨑ふら

for MEN

目次

プロローグ……9

chapter 1 心をラクにすることから始めよう……13

●「笑顔」は究極のセルフケア……14
●「無理」と「ガマン」はごみ箱にポイ！……18
●ため息ばかりでる時は↓自分の気持ちをノートに書いてみる……22
●気持ちが不安定で笑う気分になれない時は↓自分の体に触る……27
●家で抜け殻感が大きい時は↓冬眠のふりをして休む……32

●イライラがおさまらない時は↓目を閉じて自分の内に戻る……37
●なにもしたくない時は↓なにもしない……40
●突然涙が出そうな時は↓怖がらずに思い切り泣く……43
●「なにもかもが大嫌い」な気分の時は↓魔法の深呼吸を試してみる……47
●今は、次の自分への変わり目の時と考えよう……51

chapter 2

笑顔でいよう。そのポイントは「口角」……57

●「元気になりたい」気持ちを大切にする……58
●朝、鏡に向かって歯を出して「ニーッ」とする……62

●誰かに笑いかけてみる……67
●テレビを観ながら「アハハ」と声を出す……71
●口角を上げることで、脳が反応してラクになり始める……75
●一瞬でいいから相手の顔を見て笑いかける……78
●苦手な場面こそ口角を使う……83
●車窓に映る自分に少しだけ口角アップ……87
●「いや」と思ったら口角を上げる……91
●ネガティブワードも口角を上げて言ってみる……94
●笑顔を向けられると誰でも嬉しい……98
●やっぱり笑顔は苦手と感じるなら……102

chapter 3 笑顔でいられる「基地」を作る …… 105

●理不尽を感じたら、自分の世界へギアチェンジ …… 106
●イライラしたら、「肉」を食べる …… 109
●ひとり旅で、ダンディな時間を過ごす …… 112
●「寄席」へ、粋な日本男子に会いに行く …… 116
●陶芸、写真、華道などの「創作」で、マイワールドを謳歌する …… 119
●「ボランティア」で、仕事以外の人とのつながりを実感 …… 124
●目からウロコの「筋トレにはまる」 …… 128
●「ワーク・ライフ」でなく「ライフ・ワーク」バランスを考えよう …… 132

chapter 4

笑顔を積み重ねて「スマイルな人」になる …… 137

●スマイルの効用を再確認 …… 138
●「口角上げ」のスペシャルストレッチ …… 141
●言葉にスマイルを添えると、コミュニケーションがラクになる …… 147
●目力をつけて、スマイルをパワーアップする …… 151
●少し大きめの声で、挨拶＋スマイルを連打 …… 154
●店員さんへ「お願いします」「ありがとう」のスマイル …… 157
●「バイバイ」「じゃあね」を、笑顔とセットで …… 160
●ひとりで食べるごはんも、おいしい時間にする …… 163
●ネトゲをするなら二時間まで …… 168
●寝る前にラストスマイル「今日もよく頑張った」 …… 170

chapter 5

自分で決めた、スマイルフルな毎日を …… 173

●「笑顔」は、ストレスフルな毎日の防波堤 …… 174
●「大切な人」を大切にする …… 178
●しんどいことも伝える勇気を持つ …… 181
●他の人との距離感を、自分で測る …… 184
●ここ一番で「ケツをまくる」 …… 189
●自分の理想を生きてみる …… 193
●自分で癒し、自分で再生する …… 196
●自分の笑顔に自信を持とう …… 199
●男性の笑顔で「スマイル社会」を浸透させよう …… 202

エピローグ・おすすめBOOKS …… 206

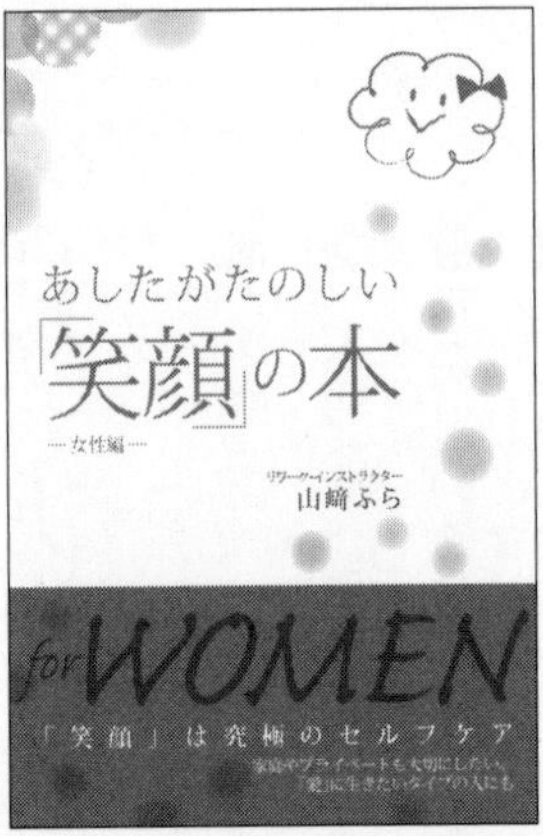

『いまラクになる「笑顔」の本
―男性編―』の姉妹版

あしたがたのしい「笑顔」の本
―女性編―

2014年3月刊行　四六判208頁　1,100円＋税
ISBN　978-4-904402-35-1

おもな目次

chapter1　心をラクにすることから始めよう

chapter2　「笑顔」でいよう。そのポイントは「口角」

chapter3　笑顔を習慣にする。自分のために
●朝の「あいうえおエクササイズ」
●鏡に向かって、おまじないの笑顔「いい感じ」
●トイレタイムも笑顔をレビュー
●いいねと思ったら「すごいね」のスマイル　など

chapter4　ダメ、笑えない…と感じた時のセルフケア
●「寂しい」に負けそうな時は外に出る
●美容院でうっとりする
●ラクにいられる図書館カフェは、とてもいい
●意外に効く！　グーグルで「孤独」「寂しい」を検索　など

chapter5　笑顔の数だけ元気になるよ
●近所の人へ「おはようございます」スマイル
●電話で「スマイルな声」を出す
●「茶目っ気スマイル」でやり過ごす
●笑顔になれる「レスキューワード」を用意する　など

※chapter1、2は男女共通版となっています。
※『あしたがたのしい「笑顔」の本―女性編―』は、主婦または主夫の方や、家庭やプライベート、自分のやりたいことなどを大切にして暮らしている人向けの内容構成となっています。

プロローグ

なんだか気分がのらない……。

元気を出したいのに、体の中からパワーが出てこない……。

そんな日、そんな時期って、誰にでもあると思います。

そういう時期をうまくやりすごしたり、心身のリフレッシュをはかって、ふつうはまた「いい感じにのってる日」がやってくるのですが、ときには自分の思いとうらはらに、気分がどんどんダウンしたり、動くことさえつらくなったり……。

なんだか、確かに、調子が悪い。


この本は、一時的にでも、そんなあなどれない状態になってしまった、あるいはそんな状態に陥りそうで不安という人々に、元気を取り戻していただく本です。

気分がのらない、しんどい時の対処法が、いろいろ書いてあります。

リワーク・インストラクター（うつ病で休職している方のための復職支援を担当）である私が、クリニックでふだんおすすめしている「しんどいモード対処法」の中から、「これはみなさんにも伝えたい」という方法をあれこれ絞り込んで、選び抜いてみました。

そして「ふだんのライフスタイルによって、対処法も違ってくる」という現場での実感から、今回の本は思い切って「女性編（for Women）」と「男性編（for Men）」に分けてみました。

ただし女性だから女性編を、男性だから男性編を読まなくっちゃいけない、というわけではありません。今の暮らしやこれからめざしたいライフスタイルに合ったほうを、手にとっていただけるとありがたいです。

【女性編】

主婦または主夫、アルバイトや家事手伝いなどをして、家庭や家族、プライベート、自分自身のやりたいことなどを大切にして暮らしている人。「愛」に生きたいタイプの人も、こちらに含まれます。

【男性編】

どちらかというと仕事や社会活動、ビジネスコミュニケーション中心で暮らしている人。仕事はまあ好きだし、社会で認められると嬉しいし、仕事するぶんオフは遊ぶぞ、お金を貯めるぞと頑張っている人、自分の食いっぷちを稼がなきゃ、家族を養わなくっちゃ！という人、それから、実は仕方なく働いているんだ……なんていう人も、こちらに含まれます。

どちらの本も、キーワードは「笑顔」。

「笑う門には福来たる」（笑い声があふれる家には、自然に幸運が訪れるという意）という、有名すぎることわざがありますが、私もクリニックでメンバーさんと接していて、「笑顔って本当に、人の心を救ってくれるんだな」と痛感する場面がいっぱいあるのです。

「笑顔」は、心のビタミン。
「笑顔」は、優しさのスパイス。
そして「笑顔」は、あなたの幸せの種であり、あなたを守る防波堤になってくれます。
人間味あふれるハッピーな暮らしに、「笑顔」はマストなアイテムなのです。

しんどくてあまり笑う気になれない時も、少し気分が軽くなったり、笑ってみようかなと思えたり、深呼吸した時の心地良い感じを思い出してもらえたら、著者としてこれほど嬉しいことはありません。
たまに訪れるしんどい時に、パラパラと頁をめくって、早期復活をはかっていただきたいなあ、と、心から願っています。

chapter 1

心を ラクにすることから 始めよう

chapter 1は、男女共通の「笑顔」のための準備体操の章です。
日々、私たちが感じるちょっとした苦しい気持ちや落ち込みを
緩和できる方法を紹介しています。
心が少しでもラクになれるように、と願ってまとめました。

「笑顔」は究極のセルフケア

毎日がしんどくて、だるくて、どうにも体が重い。

気がつけば、そんな苦しい毎日が続いているあなた。

心の底から楽しいことなんてない、と思っているあなた。

眉間の皺が気になりながらも、皺を寄せないではいられないあなた。

「めんどくさい病」にかかってしまったあなた。


そんなあなたに「笑顔」をおすすめるのは、酷《こく》なことだとわかっています。「なんで？」「笑えるわけないじゃない」「それどころじゃないんだってば」という声もごもっとも。

でもね、気持ちから笑わなくていいから。

ちらっと笑っているふうの顔にしてくれるだけでいいから。

しらーっとした気分のままでも、まずは口角だけ上げられるようになったら、そこから、ぐるぐる巻きになってしまった心の糸は、ほどけ始めます。

これ、本当です。確実です。

私は、東京都内のメンタルクリニックで、うつ病などで休職している方のための「リワーク」と呼ばれる復職支援プログラムで、「表現法」を担当しています。

今、日本では、二十代から四十代の人が心の調子を崩して休職するケースが、とても増えています。それに伴って、リワークのプログラムを整えるクリニックも年々増えています。治療中にリワークを経験した人のほうが、仕事に復帰した後の再発率が少ないというデータも出ているので、こうしたプログラムが注目されているのです。

私がインストラクターを務めるクリニックでは、月曜日の午前から金曜日の午後まで一週間のプログラムが決まっていて、約二十名くらいの方が、復職したり社会活動を再開するために、数々の多彩なプログラムに取り組んでいます。

「表現法」というプログラムは、私がこれまで取り組んできた演劇のスキルを用いて、日々のコニュニケーション能力を上げることを主な目的としています。

内容は、演劇の練習やワークショップなどで行っているワーク（腹式呼吸、発声、早口言葉、表情筋ストレッチ、即興劇など）に加えて、リラクゼーションのための取り組みや空気を読むためのゲームなど。医療スタッフと話し合いながら、様々なワークを工夫しながら取り入れています。

その中でも「笑顔のためのワーク」は効果が出やすく、しかも気持ちや見た目の表情にも明らかにいい変化が現れるので、頻繁に行われているワークとなっています。

はじめてプログラムを受ける人の中には、「さあ、口角を上げてみましょう」などと語る私の言葉に、「無理です」「できません」「いやです」といった強い反発を見せる方も少なくありません。

でも、根気よくおすすめして、ひとたびトライするようになると、そこから驚くほどの変化を見せてくれることが多くあります。そしてリワークを卒業する頃には「表現することって楽しいですね」「笑うようになって、気分がすっきりしてきました」「全然ひきつらなくなりましたよ」「妻にも笑え！ってすすめています」など嬉しい感想をたくさん寄せてくださいます。

あなたが今、なんらかのしんどい状況にあって、ラクになりたいと願っているなら、「試しにやってみっか」くらいの気持ちでトライしてみませんか？

笑顔を作るにはなんの準備も設備もいりません。広いスタジオや相手役も必要ありません。今、すぐに、そこで、あなただけで、お金もかけずに始められて、リスクも責任もなーんもいらない。

ね！　それで心がラクになるならこれは儲けモンです。

ま、ぼちぼちやっていきましょう。

幸福だから笑うわけではない。むしろ笑うから幸福なのだと言いたい

――アラン（哲学者）『幸福論』

「無理」と「ガマン」はゴミ箱にポイ！

この本は「無理なく笑えるようになる」ために、私がふだんプログラムで実践しているおすすめの方法を紹介していきます。

けれども、あなたの今の状態が私にはわからないから、ときには「おや？」と感じるページもあるかもしれません。気持ちとタイミングが合った時にはすごくナイスな提案でも、合わない時には意味を持ってくれないということもあるからです。

「そこんところさぁ、ちょーっとガマンしてよ、ね？」とは言いません。むしろ無理をするくらいなら「そのページはスルーして、次の項を読んでください」とお願いしたいです。

この本は、あなたに元気になってもらうための本。
あなたが望むように楽しく暮らすための本。

どうぞ気軽に、今のあなたの気持ちにしっくりくるページをチョイスしてください。
気が向いた時にパラパラと開ける、おともだち本のように——。

たった一度しかない人生（輪廻という考え方もありますが、あなたがあなたで生きるのは今回のみです）、こうしている間にも時間は流れていて……。私は、それならば、少しでも気分良く、楽しく、穏やかな気分で暮らしたいと思っています。

私自身も、以前は「努力している自分が好き」とか「ある程度ガマンしなきゃ、幸せになれないのではないかしら？」とか、とても真面目風（風です。あくまでも）に自分を律しようとしていた時期があります。でも、それって気持ちは良くないし、なんだか疲れるし、あれ？　気がついたら慢性の頭痛やイライラや腰痛になってる……。と、そんなガチガチの生き方をいやがっている自分の気持ちと、それを無理して頑張って続けていたために起こっていた体の異変に気がつきました。

誰だって、せっかくなら「気分良く」暮らしたいし、なるべくなら気分を害することに関わりたくない。人づきあいだって、ゆったりしたいプライベートな時間にわざわざいやな人と一緒に食事したくないし……。

それならば無理もガマンもなるべく避けよう、自分自身のために。

今は素直に、自然に、そう思っています。


以前、アーユルヴェーダ（インド発祥の伝承医学）の専門家から、こんな話を聞いたことがあります。

「人間の体は、外部からの情報や食物を、快と不快に分ける機能を持っている。おいしくないと思いながら食べた食事は未消化になってしまうし、不必要だと判断した情報は記憶からこぼれてしまう」

私はこの話を聞いて、とても怖ろしいと感じました。

食物だけじゃなく、会話や、過ごした時間や場所、感じたことや気持ちも、自分が不快だと思ったものは、体の中で未消化になってしまうんだなあ、と思い至ったわけです。

未消化物＝毒!!

思えば私自身も、以前は心や体にずいぶん「不快」の毒がたまっていて、そのせいで体に異変が起きていたのかもしれません。

日々を生きることは、「なにを食べるか」「誰と過ごすか」「なにを着るか」「どこに行くか」といったことから始まって、一つひとつの行動、行為が選択の連続です。

その選択のものさしを「快」「不快」にする。

ほんの小さなことでも、その選択の瞬間に「これは快？」とか「これとあれ、どちらが快？」などと自分の心に確かめる。実は、これはとても大切なことです。

だから、あなたがこの本を読む時も「真面目にやろう」などと思わずに、気分がのるところや「これは試してみようかな？」と思うところを、流し読みでもいいし、つまみ食いしてくださってもいいんです。無理やガマンを選択する必要はゼロ！

あなたにとっての「快」だけ、心や体に取り入れていきましょう。

その習慣は、あなたの毎日をきっとラクにしてくれますよ。

ため息ばかりでる時は↓自分の気持ちをノートに書いてみる

なんだかわからないけど、やたらとため息が出てしまう……。

なんだかゆううつ。なんだか元気が出ない。

そういうこと、ありますよね。

そんな日が一日や二日だったら「今日はおとなしくしていよう」と決めて、ひとりで読書したりもの思いにふけるのもいいかもしれません。ひたすら眠る、ひたすらダラダラする、というのもパワーチャージになります。

でも、そうしてセルフメンテナンスをしても、ため息が減らないのはやっかいです。元気ややる気の「気」が、どんどんどんどん消滅して、どうにもこうにも身動きがとれなくなってしまうこともあります。

そんな時は、ノートに自分の気持ちを書いてみましょう。

ノートを広げたら、まずは、今の自分の気持ちを、どんどん羅列していきます。

なにもしたくない
どこにも行きたくない
誰とも話したくない
元気が出ない
寂しい感じ
苦しい
ぼんやりする

というふうに。そしてその下に、気持ちの原因として考えられることを書いていきます。

なにもしたくない　つまんないから
どこにも行きたくない　つまんないから

誰とも話したくない　めんどうだから
元気が出ない　？
寂しい感じ　人と喋ってないから？
苦しい　寂しいから
ぼんやりする　疲れているから？

ちょっと考えてみてわからないことは、「？」でもＯＫです。
さらにその下に、その理由として思い浮かぶことを書いてみます。誰かに見せるノートではないので、気楽に思い浮かんだことを書きましょう。

なにもしたくない　つまんないから　この頃ずっといいことがない
どこにも行きたくない　つまんないから　パワーが出ないから
誰とも話したくない　めんどうだから　もしかしてAさんとの一件？
元気が出ない　？　自己嫌悪かな……

人と喋ってないから？　すねてる？
寂しいから　わかってもらえなかった
疲れてるから？　？

寂しい感じ
苦しい
ぼんやりする

このように、思いつくままに正直に気持ちを書いていくと、書きながら「あれ？」と思い出すことがあったり、今感じているモヤモヤや不満の原因などが思い浮かんできます。そうすると、あなたの中にたまった思いが次第に軽くなってきて、ついには「よいしょ！」と引っ張り上げられそうなところまで出てきます。

ここで紹介したのは三列ですが、気が向いたら四列でも五列でも書いてください。そのうちいい解決策が浮かんできたり、昔のことを思い出したり、心配してくれる家族や友だちの顔が浮かんだりすることがあるでしょう。その場ではっきりとした答えが出なくても、その時間が有意義だと感じられて、少し元気が取り戻せればＯＫ。

自分の気持ちを自分でちゃんと見てあげることは、「自分を愛する」ことです。

自分の心をちゃんと見てあげられるのは、自分自身だけ。

あなたしか本当の心はわからないし、あなたしか真の理解はしてあげられない。

あなたを悩ませるため息は、「私をわかって。放っておかないで」という心の合図です。

さ、あとは「ぼちぼちいってみっかな」と感じられたところで、「よいしょ！」です。

気がつけば、笑ってみようかな、という気分にもなれているかもしれません。

気持ちが不安定で笑う気分になれない時は
→自分の体に触る

外国映画では、主人公がつらい出来事に直面して、パニックを起こしたり泣いていたりすると、友だちや恋人、両親や兄弟などが優しく抱きしめて「大変だったね」「大丈夫よ」などとケアする場面がよくあります。

これって人の営みの中で自然発生的に生まれてきた行為なのだと思うけれど、とても理にかなっていて、観るたびに「いいなあ」と感じます。

だって、人肌は人を孤独から救うし、タッチは人を安心させるから。

日本でも「ｈｕｇ《ハグ》」という言葉が一般的になってきました。

けれども、大好きな友だちと久しぶりに会った時や、スポーツ観戦などで気分が高揚した時などにお互い「イエーイ！」なんてｈｕｇしあうことはあっても、自分がしんどい時にはなかなかもらえない。「しんどいから抱きしめて」とはなかなか言えないお国柄というのもあるかもしれません。


だったら自分で自分を触《さわ》ってあげましょう。

自分で自分を可愛《かわい》がる。愛《いと》おしむ。


そうすると、イライラとささくれだっていた心が、不思議と落ち着いてきたり、涙が止まったり、動悸がおさまったりするのです。

日本には昔から「手当《てあ》て」という言葉があります。今のように薬や治療法が多くない時代、お医者さんは患者さんの痛いところに手を当てて、痛みを和らげていたのです。

心がしんどい時は、あなたの体も悲鳴を上げています。

だから触ってあげる。

もしかしたら、しんどい期間が長かったり、しんどい気持ちが大きすぎて、頭痛やめまいといった慢性の症状が出ていることもあるでしょう。そんなあなたには、なおさら

「自分を可愛がる」というセルフメンテナンスが必要です。

大丈夫、自分でちゃんとできます。性別や年齢などは関係ありません。おばあちゃんでも男の子でも、自分を可愛がるというのは大切なことで、癒されるものなのです。

自分を可愛がる。

その一番シンプルな方法は、気持ちが揺れた時に、両手を合わせてさすることです。掌も手の甲もあたたかくなるまでしっかりさすり合わせます。そうすると、怒りや、哀しみ、不安、動揺などで冷たくなっていた指先がほっこりと温まってきて、心も少しずつ落ち着き、穏やかな気持ちを取り戻すことができます。

おヘソの下一〇センチくらいのところを、優しく触るのもおすすめです。気功などで「下丹田」と呼ばれるところに手を置きます。この部分は体の要《かなめ》と捉えられていて、優しく触ることで精神疲労を軽減させると言われています。同じようにインドでも、チャクラ（エネルギースポット）の一つとして大切にされている場所です。

下丹田を触る時は、時計回りにゆっくり何度も円を描きながら触ると、体が内側から温まってきます。そして、ゆっくりと心が安定してくるのが実感できます。

私は「疲れたなあ」と感じた時はいつもすぐにこれを実行しますし、メンバーさんにもしつこいくらいおすすめしています。

目を閉じて下丹田に手を置くだけでも効果が得られるので、人のざわめきがうっとおしく感じられる電車の中などで、そっと心を安定させたい時にもおすすめです。

人はとかく心が弱っている時、周囲の人に温もりを期待しがちです。けれども期待通りの温もりがもらえなかった時にますます苦しくなってしまうし、温もりを期待しながら、そのことを周囲の人に伝えられなかったり、甘えられなくて、ストレスを増やしている場合もあります。

そんな時も、セルフメンテナンスができるようになっていれば本当に便利。

人肌は人を救う。これは確実にそうで、それは自分自身の温もりでも同じなのです。

大丈夫、自分で癒せばいいんです。
あなたは自分で自分を癒す力をもっています。
ｈｕｇがほしければ、まずは自分で自分をｈｕｇしてあげる。
セルフケア、セルフタッチです。

家で抜け殻感が大きい時は
↓冬眠のふりをして休む

職場では、いつもてきぱきと動いている。挨拶は明るく爽やかを心がけ、それなりに周囲に笑顔もふりまいているつもり。後輩には優しく、ときには厳しく指導しているし、上司ともうまく距離をとって、たまには甘えたりと、それなりに計算して接している。毎日、自分の能力いっぱいに仕事して、けっして怠けてはいない……。

これは、Aさんが職場での自分の状況を、私に話してくれたものです。

彼女はとても明るくて優秀な女性です。とても頑張っていて申しぶんがないし、話を聞くかぎり、やりがいもあってアクティブに過ごしているように感じられます。

けれども、彼女は帰宅すると「なにもできない」状態になってしまうのだそうです。

職場を出る頃には精根尽き果てていて、帰宅すると残存エネルギーはゼロ。ただただ、部屋の中でぼーっと座って数時間が経過してしまうことも少なくないそうです。

「でも、そんな状態なのに熟睡できないんです」

これはとてもつらいことです。そして、現代はこうした悩みを抱えている人が、とても多いです。

Ａさんは帰宅する電車の中で、「帰ったら、今日こそは散らかったお部屋の片づけをしよう。帰りに買い物をして栄養のあるものを作って、ゆっくりお風呂にも入らなきゃ。読んでいない本もたまってるし、今月末の女子会の計画も立てなくちゃ……」と、あれやこれやと「やらなくちゃいけないこと」を考えているそうです。

朝から夕方まで仕事で忙しいだけに、せっかくの自分の時間を有意義に過ごしたい、と考えるのは当然のことです。けれどもＡさんの場合、なかなかお掃除できずにいる部屋のように、頭の中も、今やりたいこと、やらなければいけないこと、やりたいのにできないことなどが混在して、ごちゃごちゃの状態。抱えている荷物があまりに多くて重くて、空気の通り道がなくなってしまっているのだろうと想像がつきます。

いやあ、これは本当にしんどいこと。

このままでいると、心身ともに本当にパンクしてしまいそうで心配です。


なぜこんなことに？


それは、公私ともに「やらなくっちゃ」で、アップアップになってしまっているから。

エネルギーがアウトプットされるばかりで、チャージが足りていないから。

心も体も、そして頭も、栄養や水、酸素が不足してピンチの状態なのです。


もしあなたが「そうそう、そんな感じ」と頷いているなら、あなた自身も気づかないうちに、生活のあれこれを「仕事（やらなくてはいけないこと）」に分類していませんか？

現代はただでさえ「やらなくてはいけないこと」「したほうがいいこと」がたくさんあります。だから、気持ち良く生きるには「選ぶこと」が大事になってきます。

「これとあれ、どちらが快？」と、自分の心に確かめる方法です。

私はこんなに疲れてしまったAさんに、まずは、帰ったら「今日は店じまい」と決めて、なにもしないで「さぼる」ことをおすすめしました。

でも、この「さぼる」を、罪悪感を持たずにやるってことが、なかなか難しい。

それもわかります。さぼれるくらいならとっくにさぼっていますよね。


ならば、「冬眠のふりをする」というのはどうでしょうか？


ヨーガに「シャバーサナ」というポーズがあります。これは「屍《しかばね》のポーズ」とも呼ばれ、動かない、力を入れない、考えない、ただ仰向けのラクな姿勢でデーンと寝て、目を閉じるだけのポーズです。

毎晩家に帰ったら、このポーズを実践してみる。

ここでまた、「無にならなくちゃ。冬眠のふりなんだから、じっとしなくっちゃ」と必死にならないこと。床に体の重みをあずけて、そのまま眠ってしまってもいいくらいの気持ちで、ただ「ぼへーっ」とするのです。

日頃あれやこれやと考えている人ほど、雑念は次から次へとやってくるかもしれませんが、勝手に出てくる雑念は、BGMを流しているような気持ちで放っておきましょう。

十〜二十分くらい「ぼへーっ」をやってみると、不思議と脳がスッキリします。

そして、脳がスッキリすると、起き上がった時に「ちょっとだけ動いてみようかな」という気にもなってくる。

そうなったら、もう「やらなくちゃ」と思わず、「やりたいこと」から始めましょう。

イライラがおさまらない時は↓目を閉じて自分の内に戻る

今日のようにあわただしい社会だと、イライラもたくさん。気がつけば、この頃一日一回はイライラしている、ってこともありますよね。

（一）仕事帰り、くたくたの空腹状態でスーパーに行くと、レジの人がモタモタしていてイラッとした。

（二）電車の中で足を踏まれたのに、相手は謝らずに知らぬふり。思わず睨みつけてしまった。

（三）後輩の話し方が気になって仕方がない。「語尾をのばさないで！」と心の中で叫んでいる。

（四）親が他人を羨むような発言をして、とても腹が立つ。

（五）小物入れの中身をうっかり床にこぼしてしまった。「もういや」と崩れそう……。

あなたはいくつくらい「あるある」って感じましたか？

現代は、多くの人が忙しくてせっかちです。イライラの空気が充満している場所もたくさんあります。特に電車の中や週末のモールなど混んでいる場所は、自分にそんなつもりがなくても、イライラが伝染するということもあります。

そんな時は、目を閉じましょう。

目を閉じて、自分の内側に入って、心を落ち着けましょう。

人の感情は、視界に入った事柄に大きく左右されます。目で見たもの、脳にインプットされた映像によって感情が動いたり、思考が変化することが多いのだそうです。だから機嫌が悪そうな人に会ったり、ブスッとしている人が多い中にいたりすると、その雰囲気から影響を受けて、ストレスが生じるのです。

いやな空気を感じたりイラッとしたら、「瞑想タイム」です。

また、(三)や(四)のように他者との関わりで気持ちが乱れた場合は、できれば速やかにその場を離れて、ひとりになりましょう。

私は「ちょっとお手洗いに」をよく使います。そして個室に入って目を閉じます。一分でも目を閉じてじっとしていると、いやな気分が和らいできます。

この時に、森林や草原の風景など自分が美しいと思うシーンを思い浮かべることができるようになったら、あなたの心の管理レベルはかなりのものです。

イラッとしたら目を閉じる。それを習慣づけると、自分のイライラの頻度もわかるようになりますし、自分の気持ちをいい状態に保つ＝自分を愛することにもつながります。

軽い気持ちで、一日何回くらい目を閉じるか、数えてみてください。「うわぁ、結構イライラしているなあ」と感じられたら、しめしめです。それは、あなたがイライラに呑み込まれず、笑顔でいようとする道を見つけている合図ですから。

怒りは一時の凶器なり。汝が怒りを制さざれば、怒りが汝を制せん

――クィントゥス・ホラテウス・フラックス（詩人）『書簡詩』

なにもしたくない時は↓なにもしない

私たちは「なにもしないことはいけないことだ」と思いがちです。
「なにもしない」ことに理由を見つけられないと、休んではいけないと信じ込んでいる。
「休日は休日らしく過ごさなくちゃ」「休日はリフレッシュを心がけるべき」と、休みの日にまでルールを決めています。

でも、本当は、なにもしなくていいんですよ。

なにもしないことに、罪悪感を抱く理由は、ひとつもありません。

「人生は短いのだから、いつも動いていないと、あとで後悔するかもしれない」

そう考える人も多いと思いますが、休息は絶対に必要なもの。そして、休むために休みはあります。週に一度、心おきなく休んだって後悔なんてけっしてしません。それどころか、休んだほうが翌日からのあなたの仕事や勉強の効率は、確実に上がります。新鮮なエネルギーチャージは、無理なジム通いや飲み会からではなく休息から与えられるのです。そして、何もしないでゆったりと脳を休ませてあげると、自分が本当にしたいことや、今の状態が、内側から自然と感じられてくるようになるのです。

私たちはあまりに忙しい毎日を過ごしていて、たくさんの「～すべき」に縛られて時間のレールを走っているので、本来望む自分の姿が見えにくくなっています。

本当は東をめざしたほうがいいのに、ふと気がつけば、反対方向に向かって一生懸命に走っていた、なんてこともしばしば起こります。次から次へとくる「あれをするべき」「これもするべき」の「べきべき」攻撃で、脳が混乱しているからです。

私の友人に、とても忙しい生活なのに、月に四回、休みをちゃんととって運動や仲間との集まり、旅行などを満喫している人がいて、「この人、いつ会ってもエネルギッシュだし、楽しそうでいいなあ」と、格好良く感じています。

でもその人にも、きっとエネルギーを切らしてしまう時があるのだろうなと思います。

人は「なにもしなかった話」を人前であまり披露しないから、周囲が気づかないだけで、アクティブに見える人こそ、実は休むのも上手だったりするのではないでしょうか。

どうぞ、安心して休んでください。

休息は、絶対にあなたのパワーになります。

その際は携帯の電源をオフ。パソコンもオフ。家族サービスも、できればオフで過ごしたいところです。「ひとりでゆっくり休みたい」ことを正直に話せば、あなたの家族は、きっと理解してくれるでしょう。その休息で心にゆとりができれば、家族と一緒の時間もより楽しく過ごせるようになります。

ひとりオフを、おすすめします。

ドルチェ　ファル　ニェンテ！（何もしないのは楽しい！）
——イタリアのことわざ

突然涙が出そうな時は→怖がらずに思い切り泣く

心がどうにもふさいで、特に理由もないのに、クヨクヨしてしまう時があります。でも特別な出来事があったわけではないので、人に相談することもできない。人前ではクヨクヨしてばかりしていられないので、無理に笑ったり、元気そうにして過ごす。そんなことを繰り返していると、涙を制御できない体になってしまったりします。

同僚といつものようにランチを食べていて、同僚が「○○さん、例の案件、大変だったでしょう。よく頑張ってたよね」と言ってくれた時、心のたがが緩んだように、ふと涙がぽろぽろとこぼれてしまった。

仕事帰り、電車の中で赤ちゃんをあやしている若い夫婦の仲の良い雰囲気を目にして、どうしようもなくせつなくなってくる……。

こういう状態は、いわば「情緒不安定」の状態です。心が疲れきっていて、心に響くちょっとした言葉や光景にほろっとしてしまうのです。

そういう時は、少し休養をとるとか、好きな人とまったりするとか、実家など家族や身内がそばにいる空間でゆっくり眠ってみるとか、ペットと一緒にぼんやり過ごすとか、温もりを感じられる場所で心を休めて、エネルギーをチャージするのがいいと思います。

ところが、現実は「休めない」という人がとても多い。

「休むとよけい落ち込みます」「一日休んでしまったら、一生休んでしまいそうで怖い」という声がよく聞かれます。そして「温もりを感じられる場所がない」「どこにいても心が休まらない」という声も、とても多いのです。

これは、甘え下手な日本人が陥りやすい状況でしょう。私も、なかなかそういう場所を確保できないタイプなのでよくわかります。

そんな場合は、即効性のあるセルフケアで、自分を救い出しましょう。

その方法は「泣く」こと。

とことん泣くと決めて、ちゃんと真剣に泣きましょう。

毒は、放っておいてもなかなか浄化されません。自分で自分の浄化をはかってあげて、人前で急にクヨクヨしたり、涙が急にあふれ出る状況から脱け出しましょう。


泣き方としては、部屋を暗くして、メロディの美しいバラード調の音楽をかけて、ベッドに潜り込むのもいいですし、泣けるＤＶＤを借りて観るのもいいと思います。

うまく涙が出なくても「ううう……」と泣き声を出していると、だんだんその気になって涙が出てきます。そうしたらしめしめ。声を上げてもいいし、体を揺すって泣いてもいい。気持ちにまかせて、とことん大いに泣きましょう。


人によっては十〜二十分も泣くと、心の底にたまっていた毒が流れ出て、スッキリ感が感じられてきます。一度、この泣きの効用を体感したら、次にクヨクヨの波が襲って来た時に、あなたのレスキューアイテムの一つになります。

これは「やったつもり」じゃなくて「やってみる」ことが大事。
「ぼちぼち泣く時間をとろうかな」と対処できるようになったら、こっちのものです。

泣き叫ぶと、肺が開き、顔が洗われ、目の運動になり、気分が落ち着く
――チャールズ・ディケンズ（作家）『オリヴァー・トゥイスト』

「なにもかもが大嫌い」な気分の時は→魔法の深呼吸を試してみる

「ふん、みんなバッカみたい」「ああ、俺ってホントにアホ！」「嫌い、嫌い、みんなどこかへ行っちゃえ」「なんだよ、どうしてそういう言い方をするわけ？」「あーもういや、わめきたい」など。とにかく攻撃モードのスイッチが入ってしまって、それも制御不能っぽくて「ぶち壊しちゃいたい」気分が止まらない。

一生懸命に生きている人間ですもの、そんな時だってあると思います。

でもまさか、大人はそんな心の声を、公の場や他人様に出すことなんてしてはいけないし、そんなことをしたら、自分がもっと窮屈になってしまいますよね。

自分の感情や機嫌がうまくコントロールできなくて、周囲の人を責めたり攻撃してしまったあげく、孤独に陥ってしまうという例も少なくない現代。そういう事態は避けてもらいたいなあと感じています。

だってあなたは、いつもそんなことを思ってイライラしているわけじゃないし、どちらかというとデリケートで気づかいもあって、空気を読んで、しっかり生きていたいと感じていたりするはずなんです。

ふだんは思いやりをもって人に接しているし、ちゃんと人間関係の構築もできる。それなのに、突然気まぐれのようにやってくるマッハ級のイライラに振り回されて、自分が大切にしてきた友情や信用、はたまた地位まで失ってしまうとしたら……。本人は願ってもないのに、結果として孤立することになったら、これほどもったいなく悔やまれることはありません。

「ぶち壊してしまいたい」という衝動や、「ぶち壊してしまう」という行動は、ひとつの癖だと考えていいと思います。

時間をかけて一生懸命築き上げた環境や関係性を、自分の癖で壊してしまう。

そんな癖は不要です。とにかく**「感情を沈める」という工夫と努力をしましょう。**

そうしないと、あなたの大切なものを失う可能性があるから。

「魔法の深呼吸」をおすすめします。

今からお伝えする呼吸法を、ぜひマスターしてください。

(一) 攻撃的な気分がきたと感じたら、口から息を細く長く吐きましょう。

(二) 体の中の空気を全部吐き出したら、鼻からスッと軽く吸い、また口から長く細く全部の息を吐きます。

(三) (一)と(二)を、三～五回繰り返します。

次は、数を数えながら呼吸します。

(四) 一、二、三と、三秒カウントしながら、鼻から息を吸います。

(五) 一、二、三、四、五、六と、六秒カウントしながら、口から息を吐きます。

(六) (四)と(五)を、三～五回繰り返します。

慣れてきたら秒数を増やしましょう。ポイントは、吸うカウントと吐くカウントを、一対二にすること。吸う息が一に対して、吐く息が二です。

この呼吸を、気分が穏やかになるまで繰り返しましょう。

大丈夫です。この呼吸法を覚えて使い慣れていけば、自分の感情や機嫌をコントロールできるようになっていきますよ。

今は、次の自分への変わり目の時と考えよう

人は調子が悪くてしんどい時は、たいてい「調子が良かった頃の自分」や「しんどくなかった頃の自分」に戻りたいと考えます。「以前ははつらつと過ごせていたのに……」「こんなにしんどくなければ、昔みたいにもっと明るくできるのに」と。

私も苦しい時は、元気でパワーあふれる自分の姿＝記憶のデータに入っている過去の元気な自分を、つい思い浮かべてしまいます。「元気だった頃の自分に戻りたい」と思ってしまい、いけていない今の自分とのギャップにガッカリ。ますます焦って落ち込むという、いけないループにはまってしまいます。

当たり前ですよね。誰だって「本当の自分はこうじゃない」と信じたいし、元気だった頃の自分が一番イメージしやすく信用できるからだと思います。

ある日、メンバーさんとそのことについて話をしていました。ランチをとりながらの雑談でしたが、Bさんは、とても良い話を私に聞かせてくれました。

Bさんは、しんどくてダメダメな時間を繰り返していたある時、はたと気がついたのだそうです。人は常に時間を生きていて、一瞬一瞬で変化している。だから、過去の自分に戻ることはできない、と。

それに気づかせてくれたのは、職場の先輩の言葉だったそうです。

Bさんは会社を長期で休むようになり、ある時、様子を見に来てくれた先輩に「最近、なにをしても気持ちがのらないし、体がしんどくてどうにもならないんです」という話を聞いてもらったそうです。

「半年くらい前まではいい感じだったのに。なんでこんな感じになったのか、自分でもわからなくて……。あの頃に戻りたいんですけど……どうもダメで」と、自分の状況も正直に伝えました。そうしたら、先輩から「戻らなくていいんじゃないか？　今のBくんは、進み始めている状態なんじゃないかな？」と言われたそうです。

「変化する時って、気持ちにためらいがあるだろう？　そのためらいが体に抵抗させてるんじゃないか？」。さらに「Bくんは良い方向に行こうとしているのに、気持ちが怖がっているんだよ。大丈夫、きっともうしばらくしたら動き出すよ。俺にはそんな気がするな」とまで。

先輩はもしかしたらBさんを元気づけようと言ってくれたのかもしれませんが、Bさんはハッとして、「そうか、元に戻れないと思うからつらいんだ。今、自分は変化の時で、先に進もうとしているんだ。そのために心や体が戸惑ってるんだ」と感じたそう。そして、先輩の言葉を信じてみようと決めたのだそうです。

もちろん、Bさんはそれですぐに調子が良くなったわけではありません。でも、その言葉を心に置いて辛抱強く生活していたら、少しずつ状態が改善してきたそうです。

私は、その話を聞きながら胸が熱くなりました。

つらい状況を「変化の時」と受け入れることは、最初はとてもつらかったと思います。けれどもBさんは、自分の「これから」のために自己憐憫を卒業したのです。

「今」は、もっと良くなるための試練の時。

気分はいまいちの状態かもしれないけれど、あなたの「元気」の度合いが以前より少し落ちているだけで、あなたの存在がNGなわけではないのです。


長く生きていく間には、調子の波があって当然。

この時期を通り過ぎれば、またはつらつと過ごせる時期が来る。

しかも、それは私にとって新たな時期の始まり。

今まで感じたことのないような喜びが得られるかもしれない。


どうぞ、そんなふうに今の自分を捉えてみてください。きっと光がさしてきます。

大きな変化を前にした時期だから、つらいこともあるでしょう。

でもその変化は、やがてこの先に、今までになかった充実感や幸福感を、あなたにくれるための変化なのだ、と考えてみませんか。

なにも咲かない寒い日は、下へ下へと根を伸ばせ。やがて大きな花が咲く

――高橋尚子（マラソンランナー　オリンピック金メダリスト）

chapter 2

笑顔でいよう。そのポイントは「口角」

Chapter2は「笑顔」について、男女共通の話題を紹介していきます。
「最近あまり笑ってないな……」という人におすすめの方法もあり、
「なんとなく気分がのったらトライ」という軽い感じでOKなものも。
気分が紛れるので、楽しんでみてください。

「元気になりたい」気持ちを大切にする

しんどい気分に埋もれている時は、心の底の底からどっぷりしんどいので、「元気になりたい」という気さえ起こりません。その時の気分をたとえるなら、息をしているのが精一杯、という感じ。そんな時は、ドクターに診てもらって薬を処方してもらうのも大切ですし、なにより、心身をしっかり休めることが必要だと思います。

休息は、少しずつですが確実に人を癒します。

そして、その休息から生まれる癒しの最初のステップが、「元気になりたい」という心の声です。

元気になりたいなと思えたら、それはもう、あなたにとっての新しい目覚めです。

あなたは今まで疲れすぎて、異次元をふわふわ彷徨《さまよ》っていたようなもの。そこから帰還することができて、再び目を開けたという段階です。

あなたがもし「元気になりたいな」という気持ちを、確かにはっきりと感じているなら、私はまず、こんな言葉を贈りたいです。

「おはようございます。つらい日々をよく耐えましたね。ここからあなたのセカンドステージが始まります。おめでとうございます！」


ただ人生いろいろ、山あり谷ありなので、セカンドステージでも望む通りの一〇〇％ハッピーな毎日は、簡単には手に入らないかもしれません。でも、新しいステージは、少し前までいた、あの不安で、暗くて、断崖のようないやな感じの場所とは違います。

自分の前方を、ちょっと見つめてみてください。

あなたの行く手には、ぼんやりとでも「元気」とか「やる気」が見えるはずです。

今はまだ新しいステージが始まったばかりだから、遠くて小さいかもしれません。

でも、あります。確実に、それらは、あるんです。

リワークプログラムに通っているメンバーさんは、必ずしもセカンドステージが始まって参加するわけではありません。まだ異次元中だけど、復職を求められたり、家庭の事情で早く復帰したかったりして、やむをえず参加している人々もいます。

そうした場合、「呼吸法を試してみましょう」「ストレッチをしてみましょう」「笑顔になってみましょう」などと言っても、その言葉が届かないこともあります。心は異次元にあるのだから、私の声を受け入れてもらえないのは仕方がないのです。

でも、ひょんなきっかけで私の声が届く場合もあるので、私はみなさんへのアクションを続けますし、心の扉もノックしつづけています。こちらがアクセスしつづけていると、いつかきっと届くと信じているからです。


そうしてある時、あるきっかけで「元気になりたい」と感じ、目覚めの感覚を持つと、驚くほどの早さで変化が見られることがたくさんあります。

もちろん変化が始まってすぐの頃は、「元気」や「やる気」もそう長くは持続できないし、心が挑戦を始めると、体が一時的にささやかな抵抗を示したりもするので、しばらくは、元気とそうじゃない状態を行きつ戻りつすることもあります。

けれども**目覚めのあとには、確実に「変化」が訪れます。**
「元気になりたい」と思った気持ちを、どうぞ肯定的に受け止めてください。
そして、光の方向に一歩ずつ進もうと決心してください。

「元気になりたい」は、あなたが苦しみから解放へのドアを開けたという合図です。
あなたは、ひとまず、異次元のさまよいから抜け出したのです。
やったー!!

すべてのことは願うことから始まる
――マルティン・ルター（神学教授）

朝、鏡に向かって歯を出して「ニーッ」とする

心や体が元気だと、朝は一番エネルギーがあってアクティブに動ける時間帯です。けれども心身のバランスが壊れてしまうと、朝ほどつらい時間はありませんよね。昼間もぼんやりだるくて、夕方くらいから少しずつ元気になるので、昼夜逆転してしまうことも多いと思います。

私は以前、心身のバランスがあまり良くないと感じた時に、アーユルヴェーダ（インド発祥の伝承医学）の講座を受講したことがあります。

その時、「日本のような気候、環境ならば、人は毎日六時頃に起きるのがベストである」と習いました。朝六時起床の習慣を一週間続けるだけでも、体調が良くなるとのこと。

私はそれを聞いて、すぐに試しました。そうしたら、本当に数日で少しずつですが元気になっていくのを感じましたし、苦しかった頭痛が和らぎました。調子が整ってきて、「試して本当に良かったな」と嬉しかった覚えがあります。

リワークでも、スタッフは「早寝早起きをして体内時計のリズム整えましょう」とお伝えしています。合い言葉は「セブンイレブン」。これは朝は七時に起きて、夜は十一時に寝ましょうという意味です。

アーユルヴェーダの六時起床説と一時間ずれますが、毎日のリズムを作るという点、早起きするという点は共通しています。早起きすれば、夜ちゃんと眠くなって良質な睡眠がとれますし、午前中に太陽の光を浴びると「セロトニン」という気持ちを安定させるホルモンの分泌が促されて、心身の健康にとても良いと言われています。

昔からことわざにある「早起きは三文の徳」は、理にかなっているのです。

「ふうん。じゃあ、試しにちょっと早く起きてみようかな」と思ったあなた。その挑戦、応援します。

朝、目が覚めます。体が重いと思います。もしかしたら頭痛があるかも。

しかし、どうにかこうにかでも立ち上がってください。

丁寧じゃなくてもいいので、顔を洗いましょう。そして、鏡を見てください。

自分の顔を、まずはちゃんと見ましょう。「いやだ、見たくない」ということなら、顔を洗ったあとに見るものを、あらかじめ決めておきましょう。好きなアイドルの写真でもいいし、ぬいぐるみでもいいです。きれいな風景の画像なども、一日の始まりに目にするのはとてもいいと思います。

とにかく十秒でいいので、自分の顔か、自分の好きなものを目にしてください。

そして、次です。

「ニー」と声を出してください。

「ニー」という音は、通常、腹話術師でもない限り、口を開けないと出せません。

そう、口を開けてほしいのです。

ベストなのは、鏡を見ながら、上の歯をしっかり出して「ニーッ」です。けれども、どうしても気が重くて、鏡を見ることができないなら、最初は鏡を見なくていいですし、上の歯をしっかり出すのがつらかったら、口を開けるだけでもいいです。

とにかく「ニー」と音にしてください。

言ったつもり、やったつもりではなく、声に出して「ニー」です。


そうすることで、顔のスマイルスポットが刺激されて、脳が目覚めてくれるのです。

「ニー」という声が脳に「朝だ、起きろー」と指令を出し、自律神経がその呼びかけを、体のあらゆる細胞たちに知らせてくれるのです。

「ニー」は、朝一番に私たちの脳を働かせてくれるスイッチ役なんですね。


一日目は「めちゃめちゃしんどい」かも。でも二日目は「めちゃしんどい」になり、三日目は「あー、しんど」くらいになるはずです。

三日続けられたらこっちのもの。

「やればできるじゃん。えらいぞ、ものすごくえらい！」

まずは自分を、褒めてあげましょう。

一日目に頑張って、二日目がダメだったら？

大丈夫です。そんなことで今より悪くなったりはしません。

挑戦できた自分をちゃんと褒めて、体調の頃合いをみて、また挑戦すればいい。

焦らずにゆっくりいきましょう。
いつか必ず、朝が一番気持ちの良い時間になります。

はじめは人が習慣を作り、それから習慣が人を作る
――ジョン・ドライデン（詩人）

誰かに笑いかけてみる

人に笑顔を向けるという習慣が、最近の日本、特に都会では少なくなっているように感じています。少し前までの子どもたちは「人に会ったら、笑顔で挨拶をしなさい」と教えられて育っていたはずなのに、最近はそんなことを言ったら「はー？」と流されてしまいそうな風潮です。

電車の中でちょっと体がぶつかっても、お互いにいやな顔を向けるだけで謝らないなんて普通だし、舌打ちするおじさんもいたりして……。「あ、すみません」と謝られたら、「いいえ大丈夫です、こちらこそ」と言って笑顔を返す。そういうコミュニケーションは、滅多に見られなくなりました。

「お・も・て・な・し」という言葉がはやりましたが、実は、その「おもてなし」の文化が、日本から確実に失われつつあるんじゃないか、と私は感じています。

世の中がそんな状態だから、自分から誰かに笑いかけるなんて、健康な状態でもかなりしんどいこと。「よいしょ！」と自分でスイッチを入れないとできません。

でも、自分から意識的に誰かに笑いかけるというのは、自分にとっても、相手にとっても、社会にとっても大切なことだと思います。

まずは自分のために、誰かに笑いかけてみましょう。この段階で「相手のために笑顔でいましょう」なんて言うつもりはありません。それはずっとあとの話でいいんです。

自分の元気のためだけに、誰かに笑いかけてみるのです。

相手の目を見てにっこり笑わなくても、しんどいなら下を向いたままでもＯＫです。話に相槌を打つようなタイミングで、ちょっと口角を上げてみましょう。

たとえば、家族が「ご飯食べる？」と聞いてくれた時の「うん」のタイミングで。
たとえば、コンビニで「ありがとうございました」と言われた時のタイミングで。
たとえば、ドクターの「こんにちは。どうですか？」に答えるタイミングで。

一日あれば、口角を上げる「うん」のタイミングは、いくらでも見つけられます。

これね、ゲーム感覚で行うと、ちょっと面白いんです。

人と会った時、「あ、今だ」ってタイミングを狙うのも面白くなってくるし、ちょっと笑いかけたあと、ほんの少しですが、心がニヤつくような感覚があります。

これがキモ。

ただし、このゲームには、注意点がひとつだけあります。

相手からの見返りを期待しないで行う、ということをポイントにしてください。

「こちらが面白がってやっていること。相手は反応してくれなくてもいい」「もしも笑顔を返してくれる人がいたら、その日はラッキー」くらいの軽い気持ちで、誰かに向かってちょっと口角を上げてみる。

大丈夫、あなたが笑いかけたらちょっと嬉しそうにする人はいても、ブスッとしたり不快になる人はいません。

口角を上げるって、実際にやってみるとわかるのですが、相手の目を見て微笑んだり、会話をするよりはるかに簡単だし、自分の心も少しほわっとします。

その「ほわっと」を、ぜひ味わってみてください。

君をしあわせにしてくれるのは君自身である

――秋元康（作詞家　プロデューサー）

テレビを観ながら「アハハ」と声を出す

あなたは、テレビをよくご覧になりますか？

私は朝の連続ドラマが楽しみで欠かさず観ていますし、外に出かける支度をしている間も、時間を確かめるためにテレビをつけっぱなしにしています。夜も、気持ちを切り替えたい時などは、バラエティ番組など気楽な番組を観たりします。お笑い芸人のギャグや、エンターティメント系のトーク番組やドキュメントなど。それらを観ていて、ちょっと面白いなと思ったら、私は「アハハ」と声を出して笑うようにしています。

そんなにすごく面白くなくても、「アハハ」と声に出す。

そうすると脳が刺激を受けて、心を軽くしてくれる作用があるんです。

疲れを感じている時ほど、その効果は現れます。

棒読みの「アハハ」でもＯＫ。とにかく「アハハ」と音にすることが大事です。

口を開けることは、笑顔の準備体操です。声を発することも、笑顔の準備体操です。そして、それらは笑顔＝ハッピーにつながっています。

「アハハ」ができたら「カワイイ」もいいし、「オモシロー」もいいでしょう。シンプルな感想を声に出してみる。すると、あなたの耳がその声をキャッチして「カワイイ」とか「オモシロー」の気持ちを、脳の中で大きく膨らませてくれます。実際に感じているよりも大きな気持ちを感じられるわけですから、とてもおトク感がありますね。

まずはテレビが少しでも面白かったら、「アハハ」です。

アハハ！　アハハ！　アハハ！　とにかく呪文のように唱えましょう。

最初は「ふうーん」「まああじゃん？」と感じていたテレビ番組が、「アハハ！　アハハ！」を境に、少し楽しく感じられてきます。そして、楽しい気分はあなたの心を少し晴れやかにしてくれます。

これとは逆に、思わず眉間に皺が寄るような、ネガティブなことを伝える番組や映像はできるだけ観ないほうがいいです。

たとえば陰惨なシーンや心ないゴシップ報道を観ると、脳はしばらくそのイメージに支配されて、気分もどんよりふさぎがちになります。そうした状態でなにかを思ったり考えると、発想自体もふさぎがちな方向に行きやすくなります。

仕事柄、ネガティブな画像を観なければならない人なども、できればプライベートは「アハハ」と声に出せるような番組を観て、心を穏やかに整えていきましょう。

世の中の情勢や主要な事件を知ることは、大人として常識的なことかもしれません。でも心や体をざわつかせてまで、そのことを知らなければダメなのでしょうか？

自分が受け止められそうにないものは、心や体の中に入れない。

あなたにとって大事なのは、心と体の健康です。

自分の心と体の健康を第一に考えていいと、私は思います。

それに現代はいろいろなところで情報が飛び交っているし、いつだって周囲の人々がたくさんの情報をもたらしてくれるから、そんなに神経質にならなくて大丈夫。本当に必要な情報は、頑張ってニュースを観たりしなくても、ちゃんとあなたの耳に届くようになっています。

情報まみれにならなくてすむ環境で過ごすことは精神の安定にいいし、慣れると快適になってきますよ。

テレビを観るなら、面白いと感じられる番組を選ぶこと。

少しでも面白い場面があったら、「アハハ」と声に出すこと。

とにかく、それを試してほしいと思います。

やってみなはれ。やらなわかりまへんで
――鳥井信治郎（サントリー創業者）

口角を上げることで、脳が反応してラクになり始める

「笑顔」とは？

辞書によると、にこにこ笑った顔、笑い顔、スマイル。

では、「スマイル（ｓｍｉｌｅ）」とは？

口の端を上げることで特徴づけられる顔の表現。

面白いですね。感情についてはなにも書かれていません。

「笑う」というのは、英語で言えば「ラフ（ｌａｕｇｈ）」。これは、面白いことがあったり幸せなどを感じた時に、感情を伴って起こる笑いのことで、ここで取り上げている笑顔＝スマイルは、必ずしも心が伴わなくてもいいのです。

実際、笑顔の場合は、顔にその表情を浮かべただけで脳が敏感にキャッチして、「あれ？　笑っているぞ。楽しいのかな？　そうか、楽しいんだな。じゃ、楽しいエネルギー

を出そう」と、体に指令を出してくれるようになっています。

私たちの脳は、なかなか単純で、思い込みが激しく結構使える奴なんです。

だから、まずはとにかく、作り笑顔をしましょう。

作り笑顔は、うまーく脳をだましつつ、心からの笑顔と同じ作用を体にもたらしてくれます。笑顔でいると、代謝が良くなったり、免疫力がついたり、アンチエイジングの作用をもたらしてくれます。最近では、笑顔でいるとがん細胞も撃退してくれるという研究も進んでいます。


笑顔のパワー、おそるべし！　しかも作り笑顔でいいなんて。

いやあ、ありがたいですね。これはもう、トライしたほうがいいです。


しんどい時に楽しい気分になんてなれません。そんな無理なことは、しなくていい。

それよりも、少しだけ口角を上げる。お風呂の中でも、布団の中でもいいから、とにかく口角を上げてみましょう。ここではごく簡単な方法を紹介します。

(一) 口を閉じたまま口角を上げます。うまく上がらない場合は、唇の両端を指で押し上げましょう。
(二) 口角を上げたまま、頬の筋肉を上下に動かします。これを上下約十往復。
(三) 口を開けて口角を上げます。うまく上がらない場合は、唇の両端を指で押し上げましょう。
(四) 口を開けて口角を上げたまま、頬の筋肉を上下に動かします。これを上下約十往復。

慣れるまでは、鏡を見ながら行うほうがやりやすいと思いますが、自分の顔を見たくない時は、鏡を使わなくてもＯＫ。とにかく無理をせずに、トライしてみてください。毎日気が向いた時でいいので、この「口角上げ」を続けていると、表情筋の動きが滑らかになって、いつでも、どこでも、どんな気持ちの時でも、口角を上げることができて、笑いの作用が起きるようになります。ぜひ試してください。

一瞬でいいから相手の顔を見て笑いかける

誰かに、その人の顔を見て笑いかけてみる。

これは、今、ハードルが高い注文でしょうか？

「なにかしてもらったわけでもないのに？」「楽しいことがあったわけでもないのに？」と思う人もいるかもしれません。

でもね、ずっとじゃなくていいから。

実験だと思って、一瞬だけ笑いかけてみませんか？　一瞬だけ。

最初は、身内の誰かに笑いかけるのがいいかもしれません。なぜなら、あなたのそばにいる人なら、あなたのことを大切に考えてくれているだろうから、あなたの笑顔にもなんらかのいい反応をくれると思うからです。

「身内」と書きましたが、肉親でなければいけないという意味ではありません。あなたが親しみを感じている人、信頼を置いている人でOKです。

「ちょっと誰も思い浮かばないな」と思ったあなた、周囲を見渡して、ゆっくり考えてみてください。「自分が一番親しみを感じられる人は誰かな？」と。

あなたの中で、知り合いをこっそりオーディションするのです。自分の実験のために知り合いから誰か一人を選ぶと考えると、ちょっと面白く感じられてきませんか？

大丈夫、こっそり考えているだけですから、誰も不快にならないし、あなたに被害もありません。

一瞬の笑顔を渡すべき相手が決まったら、いざ、実行です。

では、どんなタイミングで笑う？

一番行いやすいのは、やはり会った瞬間の挨拶でしょう。

「おはよう」「こんにちは」「おつかれさま」「久しぶり」など。相手が挨拶してくれたタイミングで笑顔を渡すもいいし、まず口角の準備をしておいて、こちらから「おはよう」などの言葉と一緒に、笑顔を渡すのもいいと思います。

「ピクピクしちゃうかも……」と心配される方、どうぞ安心してください。一瞬の笑顔ですから、ひきつったりする心配がいらないのです。

「せーの！」で、相手の顔を見て口角を一瞬上げるだけ。ひきつる暇も、失敗する暇もないのです。もしちょっと不自然な表情になったとしても、相手はおそらくなにも思わないはずです。こちらが案じているほど、人はこちらのことを見ていないものなので、どうぞ安心してください。

こちらからのアクションを、相手が「あ、笑顔をもらったな」というふうに受け取ってくれた感触が得られたら、今回のミッションは成功です。相手が「目が合った」くらいの感知の仕方だったとしても、ちゃんと笑顔を渡せているのだから大丈夫です。

女性は口角を上げると、断然美人に見えます。男性はとっつきやすく見えます。

試しに、芸能人が笑った写真を見つけたら、口角チェックをしてみてください。たいてい口角をぐーっと上げています。特に女優さんは面白いほど「あひる口」が定番です。あれは口角が上がってるんじゃなくて、上げてるんだということが、写真を見るとよくわかります。あひる口のあとにきている「かっぱ口」も、やはりチェックしてみると、こちらの口角も上向きでした。流行顔の基本も「口角上げ」のようです。

だからあなたも、一瞬の笑いかけに慣れてきたら、女性なら綾瀬はるかさん、男性なら向井理さんあたりを参考にしながら、口角を持ち上げて「ニーッ」と。えっ？ たとえが美男美女すぎて、その気にならない？ ならば、石塚英彦さんの食べた瞬間のあのおいしそうな笑顔を思い浮かべながら「ニーッ」はどうでしょう？

ね、ちょっと楽しくなりませんか？

そうそう、気持ちが「少し楽しくなる」感じ。

心をラクにさせるためにも、この気持ちはとても重要です。

「自分から他者に笑顔を渡すことできると、自分の心が少し軽くなる」

そのことを感じていただきたいです。しかも、やればやるほど、どんどん好印象の人物になれるわけですから一石二鳥です。

それから、念のためのお話をひとつ。こういうことはあまり考えられませんが、あなたの笑顔に対して、相手の人がいやな反応を示してきたら……。

そんな時は「この人はあまり調子が良くないんだな」と気楽に流すようにしましょう。「どうして?」は不要です。なぜかというと、その方はおそらく本当に調子が良くないか、気持ちにゆとりが持てない状況なのだろうし、その精神状態は当人にしかコントロールできないからです。

そんな時は「あ、ちょっと選ぶ相手をミスっちゃったな」と考えて、オーディションから仕切り直しを。自分のための実験ですから、あくまでも自分が「いい感じ」に近づいていけるように道を作っていきましょう。

「都合のいいように考える」

こういう考え方は、ときにあなたを守ってくれます。

苦手な場面こそ口角を使う

今からお伝えすることは、口角の便利な使い方です。

人と人との関係は、本当に難しいですよね。私も、人にすべてをわかってもらうこと、自分以外の人の気持ちを汲み取り、理解することは難しいことだと感じています。

ですから、まずは相手に良からぬ先入観を与えないように「先手必勝口角上げ作戦」を心がけています。笑顔を向けられていやな気分になる人はいないから、まずはこちらから笑顔をプレゼントするわけです。

これは、相手より先にスマイルを送って、相手に気持ちをほぐしてもらおうという、小心者で人見知りな私が考え出した対処法です。

これまでも何度かお伝えしてきましたが、口角を上げるのに、無理して気持ちを込めなくて大丈夫です。「せーの！」で一瞬笑ったように、口角を引き上げて頬骨筋を少し運動させるだけでＯＫです。

私は日々の暮らしでも、この対処法をフルに活用して生きてきました。これまで何千回と、この先手必勝口角上げ作戦を使っているけれど、特に目立った失敗はなく、ダメな感じにもなっていないので、どなたにも応用できるだろうと感じています。

特に初対面の人や、相手のことがよくわからない時ほど便利ですので、人と会う機会の多い人にもおすすめです。

そして、この作戦は、ちょっと対応に困るという「苦手な場面」でも活用できます。

たとえば、仲間が誰かの悪口大会を始めたとします。あなたはその話に加わりたくないと思っているけれど、その場を立ち去るわけにもいかず……といった場面です。

あなたは、黙って口角を上げていればいいのです。そうすれば、表面上はその場になじんでいますし、あなたは悪口大会に参加していないので、心が痛むこともありません。

もうひとつ、例を挙げましょう。

あなたがしばらく仕事を休んでいたとします。ようやく復職が決まって出社した日に、同僚が「うわあ、久しぶり。心配していたのよ。どこが悪かったの？」と声をかけてきたとしましょう。同僚には悪気《わるぎ》がないとわかっているけど、一瞬、答えに詰まってつらい感じになってしまった。あなたは、できれば病名を言いたくない。あなたなら、この場面をどうやって切り抜けますか？

「お久しぶりです。ご迷惑かけました」と、口角を少し上げながら答えてみてください。勘の働く相手なら、そこで話題を変えてくれるでしょう。相手がちょっと天然な気質の人で「心配してたんだよ。それで？　どこが悪かったの？」とさらに質問してきたら、「ええ、まあ……」と、しっかり濁して、口角を上げましょう。

「どこか悪かったの？」には答えなくていいのです。よほど意地悪な人でもない限り、さらに質問を浴びせる人はいないと思います。

ただし、これ、口角を上げなくちゃダメです。

口角を上げずに暗い表情で「ええ、まあ……」と答えようものなら、「本当に大丈夫？もう良くなったの？」と突っ込まれてしまいますから。

実は、口角を上げることは、「No thank you」のサインでもあるのです。

しかもこちらは頬笑んでいるのだから、相手も不快にさせられたという気持ちになりません。

ちょっと伏し目がちにして、口角を上げる。

これ、使えます。私は、かなり使っています。だから間違いなく使えます。

自分に対して最良の援助者になれ

——サミュエル・スマイルズ（作家　医者）『自助論』

車窓に映る自分に少しだけ口角アップ

電車の中で、スマホでSNSやゲームをしている時の自分の顔。画面からふと顔を上げた時に、車窓に映る自分の顔。どんな表情をしているか、見たことがありますか？

最近、電車に乗っていると、眉間に皺が寄っている人が増えたなあと感じています。下を向いて小さな画面を見たり操作する機会が増えた影響で、ストレートネック（首の湾曲角度が少ないこと）や肩こり、頭痛人口も急増しているとか。

私は、SNSやゲームが大好きで肩や首の不調を訴えるメンバーさんに、「移動中のスマホチェックやメールは仕方ありませんが、十分間に一度くらい顔を上げて、首を回したり、目の周囲をマッサージするといいですよ」とお伝えしています。そして「できるなら、そのついでに自分の顔を見てくださいね」と。

人は通常、自分の表情が冴えない時は、焦ってそれを改善しようとする気持ちが働きますが、気持ちがぐったり疲れていると、自分のダメな表情を見てもなにも感じないし「ふうん（別にいいや）」で流せてしまいます。もしくは「どうせ不細工だし……」などと、被害的な気持ちになってしまうこともあります。

でも、ダメな表情を「ふうん」で放っておくと、顔の筋肉がかたまってしまい、いざリカバーする時によけいな手間がかかってしまいます。見て見ぬふりするのはストップして、口角上げのついでに、表情のケアもしてみましょう。

方法としては、十分間に一度くらい、スマホから顔を上げた時に、車窓に映った自分の顔、もしくは窓の外の景色を眺めながら、口角を少し上げてください。

口角をリフレッシュするのです。

口角がいつでも動くように柔らかくしておくと、どこでばったり知り合いに会っても、突発的にいやな場面に遭遇しても、口角を上げてやり過ごせます。

それに**口角を上げると、疲れた顔でも、そんなにダメじゃない顔になれます**。

表情が冴えない自分の顔を見ると、ただでさえ疲れている気持ちがよけいにへこむもの。疲れた顔は、心や体からどんどん元気を奪いますし、それが、自分への無関心や被害的気分を増長させます。

だから、ダメじゃない顔を作れるようにしていくのです。

私は、寝不足だったり悲しいことがあってメソメソした翌朝は、鏡の前でいつもよりよけいに口角を上げるようにしています。そうすると、不細工度が確実に減らせます。

自分の顔を、鏡や窓で見て確かめる習慣をつけること。

口角をいつでも上げられる状態にしておくこと。

この簡単な習慣で、脱ダメ顔をはかりましょう。

「私、電車に乗りませんから」という人には、一日のうち二回くらい時間を決めて、口角を上げる方法をおすすめします。

たとえば午前十時と午後三時、おやつを食べたり休憩する時間に口角を上げるなど。

入浴中に口角を上げるのも、女子力、イケメン力が上がりそうで、おすすめだなあと思います。

もちろん、しんどかったら「さぼり」もありです。「しばらく休み」もありです。

とりあえず決める。決めた通りにする。

これがまず第一歩です。

使ったところが強くなる。頭でも体でも。その反対、使わぬところは

——相田みつを（詩人　書家）

「いや」と思ったら口角を上げる

私たちは日々様々なコミュニケーションを求められますし、人だけでなく、モノや環境などに対しても、いやな気持ちを覚えることはあります。

「いったい一日に何度くらい、いやな気持ちになるんだろう?」と思い、私もチェックしてみました。すると、いやな気持ちにもいろいろあって「ムカつくな」「もー、また?いやになっちゃう」「いやな雰囲気だな」「いやな自分に自己嫌悪だな」などなど、もう十や二十どころじゃなく、いやな気持ちを感じてることに気がつきました（瞬間的なことも含む）。

私だけなのでしょうか? いえ、おそらく誰もが、イヤイヤモードをかなり感じながら暮らしているのではないでしょうか?

「いや」というのはネガティブな感情のひとつで、心や体にあまり良くないだろうなと感じながらも、私たちは日々たくさんの「いや」に囲まれて生きています。

「こりゃ、この状況をうまくなにかに変換しなきゃ……」と思い、考えてみました。

その結果がこの項のタイトル、「いや」と思ったら口角を上げる、です。


本来は、いやな感情を感じたら、深呼吸をするでも、正の字を書くでも、手をパンと鳴らすでも、なんらかの方法で解消できればいいのですが、いろいろ考えてあれこれ検証して、結果、いやな気持ちにも口角上げが効果的だということに行き着きました。

ようは「いやだな」と思うたびに、自分のその感情に気づき、いやだと感じた自分をいやじゃない自分に転換できるよう持っていきたいわけですが、口角を上げることは、その一挙両得になる最適の方法だと思い至ったわけです。


まずは「いやだな」と思った瞬間に、「お、不快になってしまったね。つらいね」と自分に向かって呟いてください。

そして気づいたご褒美に、「口角上げ」を実行しましょう。

いやな気持ちのあとの口角上げが、「もう大丈夫。スマイルパワーが効いてくるからね」の合図になっていくようにするのです。

二十四時間、イヤイヤモードいっぱいの人も、いやと感じるたびに、「お、不快だね」の呟きと口角上げで、いやな気分を中和させていきましょう。一日に感じる「いや」の数が数え切れないくらい多いとしても、そのぶんスマイルパワーがもらえると思えば、少しラクになってきませんか？

いやな気持ちを、ただ「いや」のまま味わっているのでは、あなたがかわいそうです。自分のつらさを認めて、自分を可愛がってあげてください。

いやな気持にも、セルフケアです。

ネガティブワードも口角を上げて言ってみる

口角上げに慣れる訓練はどんどん進んでいきます。

あなたは、ひとりごとを呟くことがありますか？
ひとりごと、私はとても便利だと思っています。
嬉しい時には「幸せだなあ」と言葉にする。
すごくつらい時には「しんどいなあ」と言葉にする。
頭に来た時には「なによ、バカ！」なんて言ってみちゃう。
これ、確実に気分を盛り上げたり、すっきりさせたりしてくれます。

そんなふうに、ひとりごとには心に良い作用があって、なかなかよろしいと思っているのですが、実は私たちはなにか言葉を発する時、その言葉通りの顔をしているのです。

つまり、ネガティブなひとりごとを呟く時は、ネガティブな顔をしているということ。
ネガティブな顔で、ネガティブな言葉を吐き出すと、心は真っ黒になってしまいます。
これって、どうなのかしら？

私は、劇団のワークショップで培ったスキルや経験を、「表現法」のワークにもずいぶん生かしていますが、俳優の表現レッスンのひとつである「言葉の感情とは違う表情をしてみる」という方法も、気に入ってよく使っています。

「バカやろう」というセリフを笑顔で言ってみたり、「大好きです」というセリフを泣きながら言ったりするのです。

ドラマはふつう、誰もがハッピーなクリスマスの日に彼氏にこっぴどく振られたり、命が危うい中でお互いの愛を確かめ合ったり、真逆のシーンで真逆のセリフを言うことで人を感動させたりするものですが、私たちの気持ちも、嬉しいから笑う、哀しいから泣くという常識から少し離れてみると、意外な発見があったりして面白いものです。

実際、これはやってみると、とても面白い体験になります。

ふつうは笑う場面で泣いたり、ふつうは泣く場面で笑ったり、表現の仕方を変えることで、言葉も本来の意味とは違うニュアンスを持ち始めて、言葉や感情への思い込みがどんどん外れていくのです。

たとえば「ムカつく」と感じた時に、口角を上げて「ムカつく」と発音してみましょう。そうしたら「おおー、これはすごい」という発見があるはずです。

自分の声が、プンプン怒っていたり本気で不愉快に思っている時のドスのきいたような「ムカつく」ではなく、女子高生が甘えてふざけて言っているような「ムカつくぅー」という響きの明るい音になっていて、くすっと笑えるのです。

「ムカつく」がいやなら、「つらい」「嫌い」「やってられないよ」でもいいです。

この効用を一度試してみましょう。

最初は、ネガティブな気持ちのままに、その言葉を口にしてみます。するとネガティブな言葉が、自分の内でズンと重く居座って、ものすごくいやーな気分に。

次に、口角をできるだけ大きく上げて、同じ言葉を口にしてみましょう。

耳に響くその言葉は、ちょっぴりキュートで優しさが感じられたり、コメディのセリフっぽく聞こえたり……。まるで魔法です。


この口角上げの魔法を使うと、あなたの耳に届くのは、いつも邪気の消えた爽やかな音。ささくれだった気持ちまで、ほんわかほぐれていくから不思議です。

劇団のワークショップで行う時は、役者が持つ言葉に対する思い込みをはずし、発想の幅を広げる目的で実施していますが、表現法ワークに取り入れたおかげで、ふだんの生活でネガティブな気持ちに引きずられそうな時も役に立つのだなあと実感できました。


これからは、つい口を尖らせてネガティブワードを言ってしまった時は、口角を少し引き上げて、もう一度、その言葉を言い直してみてください。

聞き心地の良いネガティブワードが、あなたの切羽詰った気持ちをほぐしてくれるでしょう。

笑顔を向けられると誰でも嬉しい

「こんなことをして、本当に心がラクになるの？」なんて思いながらも、ここまで読み進め、いくつかの実験にもつきあってくださった方、ありがとうございます。

私はもしかしたら、あなたの周囲にいる人々は、あなたの実験の効果に気づき始めているのではないかと思っています。たとえ以前のあなたがしんどい状態（「トゲトゲのサボテン」や「キャンキャン吠える犬」や「反応のないお人形」のような状態）を見せていたとしても、今のあなたはそこから少し抜け出して、変わってきているな、と——。

人は、意識することによって確実に変化し、その変化が外側に現れるからです。

リワークのプログラムを受けるメンバーさんは、みなさん、始めた当初よりものすごく大きな変化を遂げて卒業されていくわけですが、そこに至るまでの間には、ご本人だけじゃなく、周囲の人々も、ご本人の気づかぬところで悩まれたり苦しまれていることが多いです。

周囲の人々は、あなたにどうやって手を差し伸べればいいのかがわからないし、もしかしたら、一番大変だった時期のあなたは、差し伸べられた手を払いのけたりもしてきたでしょうから、みんなは見守るしか手立てがなくなっているかもしれません。

けれども、あなたの周囲の人々は、あなたを心配しているし、気にかけています。

「私には、心配してくれるような人がいない」と感じている人もいるかもしれませんが、あなたが病院にかかっているなら、ドクターやナース、ケースワーカーさんは、みんなあなたのことを気にかけていますし、あなたの家族（たとえ離れていても）や同僚、友だちも、あなたが「誰にも頼れない」と決めてかかっているより、あなたのことを心配して考えたり、あなたの態度や目つきに傷つき、悩んでおられると思います。

おせっかいをしないほうがあなたのためだと思っていたり、どう対応したらいいかわからなくなって、遠目に見守っている人もいるかもしれません。あなたは逆に、その人々の距離の置き方や、自分を気にかけてくれない感じに、絶望感を覚えたりもして……。

心身ともに元気な状態でも、人間関係を良好に保っていくのは難しいのに、自分の調子が悪い時はなおさら難しくて、いろいろなことが思いがけず意図しない方向や、都合の悪い方向に動くこともありますよね。

でも声を大きくして言っておきますが、それは、あなたのせいではありません。

だって、あなたはぐあいが悪い、もしくは悪かったのだし、自分の状態を把握することができない、もしくは、できなかったのだから。

そんな時は、「仕方がない」のです。

けれども、そんな日々の中でも、あなたがある日、誰かに向かって、ふと笑いかけたとしたら……(もちろん、この笑顔には心が伴っていなくていいんです)。

笑いかけられた相手は、あなたの久しぶりの笑顔をみてびっくりするでしょうし、すごくホッとするでしょうし、きっと嬉しくなると思います。

想像してみてください。

ファストフードの店員さんが、全員、無表情だったら?

怖いですよね。

でも、もしそこに、ひとりだけ笑顔のお姉さんが現れとしたら？

きっと誰でも、その人の笑顔に、ものすごくホッとすると思います。

あなたの笑顔も、それに負けていません。

少しはにかみ気味でも、少しいけていなくても、あなたの笑顔は、あなたの周囲の人々をハッピーにする力を持っています。

そして、あなたの笑顔は、あなた自身をも幸せにする力を持っているんですよ。

人のために灯を灯せば、自分の前も明るくなる
――日蓮（仏僧）

やっぱり笑顔は苦手と感じるなら

「けれどもそうは言っても、笑うことには抵抗がある」と感じている人もおられると思います。クリニックでも、かなり長い期間一緒にプログラムをやってお互いに打ち解けた頃になって、「先生の言うことを聞いているふりをしていましたが、実は心に響いていませんでした」なんて告白してきた方がいました。

私は当時、その告白に大変傷つきましたし、一時的にやる気も失って、自分の気持ちを立て直すのに多少の時間を要しました。

けれどもあとになってよく考えたら、私はその方のおかげで、現実がわかって良かったのです。その方は親しくなった気の緩みから、相手（私）のリアクションを考えず、その時の気分でそう口にされたのでしょうが、その方と同じようにほかにも「この先生、そんなこと言ってるけど、本当に効くの？」と思いながら、プログラムを受けていた人がいたかもしれない。大人らしく空気を読んで、口には出さずにやり過ごした方もいたのではないか、と考えるきっかけになったのです。

残念なことですが、誰かにお伝えすることが一〇〇%すべての人に共感される、ということは皆無と言ってもいいでしょう。それは仕方がないことです。大人は簡単に外から届く情報を信じませんし、人にはそれぞれ言葉が沁みるタイミングもあります。

私は、メンバーさんの告白がきっかけで、「今は心に沁みないかもしれないけれど、とにかく小さな種を蒔いておこう」と考えるようになりました。「相手の心に響かなくても、私は何度でも気持ちを込めて伝えよう」と決めたのです。

なぜって？

笑顔は本当に心と体に効くということを、私は確信しているからです。そしてひとりでも多くの方に、笑顔によって気持ちが救われることをお伝えしたいと思っているからです。

人はなにかに取り組む時、「こういうふうになりたい」と思って進めるのと、特にイメージを持たず場当たり的に行うのとでは、その成果に大きな差が出てきます。当然ながら、イヤイヤやってもあまりいい結果は出ませんし、結果が出るにも時間がかかります。すると、はなから持っていた「これって本当に効くの？」という気持ちが増幅して「やっぱりだめじゃん」となる。そうすると、ますますやる気は失せてしまうのです。

だから、「どうもやる気にならない」「やりたくないなあ」と感じる時は、「やってみようか」と感じられるまで無理はしなくていいと思います。

どうせやるなら、徹底的に信じて、やる気をもって取り組んだほうが楽しいし、心身のためにも絶対にいいです。

機が熟した時に、それに適した栄養をあげましょう。それが一番無理のない、自分の育て方だと思います。

人生は生かされているんじゃない。生きる人生でなきゃいけない
——中村天風（思想家　実業家　ヨーガ行者）

chapter 3

笑顔でいられる「基地」を作る

chapter3では、仕事や社会活動で日々感じているストレスを軽減し、
元気と笑顔を保つために、試していただきたいおすすめの場所や対処法、
考え方などを紹介します。
気分転換できる「基地」を持つと、きっと楽しさも増します。

理不尽を感じたら、自分の世界へギアチェンジ

「この世はなんて無常（無情）なんだろう――」。

それは、クリニックのメンバーさんたちが行っている「振り返り」（調子が悪くなった要因を探すための作業）を垣間見せていただくたびに、私の心に宿る思いです。

特に組織に所属して、課せられた仕事や重い責任と向き合っている方は、やりきれない思いを抱えて生きていることが、とても多いように思います。

「話が違うじゃないか」「なぜ人に責任をおしつける？」「どうして理解してくれない？」「やっていることに対しての評価があまりにも低いじゃないか」「なぜそんな仕打ちを？」「そんな裏切りがあっていいのか」……。

仕事をしていると、本当に様々なやるせない思いがあると思います。

けれども、そのやるせなさをひとりで抱え続けても、あなたの体に毒がたまるばかりです。ですから、せめてそのむなしさや悔しさ、せつなさ、いらだちをリセットする術

を身につけて、あなたに少しでもラクになっていただきたいと願います。

私たちが生きている今の社会での仕事は、残念ながら、その多くが勝ち負けの競争であったり、他者からの評価や優劣をつけられる世界です。そこに熾烈《しれつ》な戦いや争い、思いがけぬ仕打ちや寝返りなどが生じるのも、人間の性《さが》に思いを馳せると、仕方がないことなのかもしれません。

いつの時代だって、日本に限らず、どんな社会にも理不尽はあっただろう（これからもあるだろう）し、昔の人もたぶんその時代や環境なりに、やるせなさやいらだちを感じながら生きていたのだろうと思います。残念ながらその無常な世は続いていて……。

だから、まずはどうか、どんな時にもあなた自身のセルフケアを。そしてケアしながら、しなやかで強靭なハートを手に入れていただきたいと思います。

それは、心から笑って生きるために必要なことだと思うからです。

では、セルフケアとはどうすればいいのか。

私はまず「ギアチェンジ」してみることをおすすめします。

いつもマックスのギアで走り続けていたら、周囲の景色が見えないし、エンジン部分の摩耗も激しくなります。ときには人生を進むギアをLOWに切り替えて、ゆっくり、ゆったり走ってみませんか？　オンやオフでいろいろなギアを試しているうちに、「これが自分に合ったペースだ」という「ニュートラル」のギアも見つかるかもしれません。

ここで紹介するのは、そのギアチェンジのためのいくつかの方法です。

いずれもメンバーさんたちが「なかなかいいですよ」と教えてくださった方法ですので、参考になると思います。

打てないときこそ、勇気を持ってなるべくバットから離れるべきです。勇気を持ってなるべくバットから離れないと、もっと怖くなるときがあります。そういう時期にどうやって気分転換するかは、すごく大切なことです

――イチロー（プロ野球選手）

イライラしたら、「肉」を食べる

唐突に、生活感たっぷりの話から始まりますが、これ、本当なんです。

「草食男子」という言葉が流行し、健康志向を唱える方も増えている中で「肉を食べるなんて、雑なタイトルだなあ」と思われるかもしれませんが、昔の人はよく言ったものです。「疲れたら肉を食べろ」「肉を食べないと元気が出ないぞ」と。

肉には、ストレスから体を守る「抗ストレス成分」が多く含まれています。

たとえば、タンパク質は体内に蓄積するストレスと戦う役目を担っていて、ストレスが増えると、タンパク質の消費量も増大します。あなたが今、ストレスにさらされていると感じているなら、タンパク質の補給が絶対必要なのです。

また、肉に含まれる必須アミノ酸の一つであるトリプトファンは、セロトニンを生成し、交感神経の緊張を和らげ、幸福感や充実感を感じやすくしますし、ペプチドは疲れにくい体を作り、血圧やコレステロールの上昇を防いでくれます。

こうした肉の栄養面とその効用を見るかぎりでも、「疲れたら肉を食べろ」という昔の人々の教えは理にかなっているのです。


体の声を聞いてみて、ストレスや疲労がたまっているなあとか、肉が食べたいなあと感じるようなら、その声に従ってみるのが良法だと思います。

たとえば、欧米人のように、ステーキを豪快に食べてみる。

たとえば、仲間を誘って焼肉屋に繰り出す。

たとえば、上質の肉をネットで取り寄せて、家族と一緒に食べる、など。

食べる量や食べ方は、あなたの今の状態や食欲に応じてでよいと思います。ここでの「肉」は、あなたのがんばりへのご褒美なのですから。

ただし肉だけをひたすら食べると、それこそ生活習慣病を引き起こしかねませんので、野菜と一緒に摂ることをおすすめします。

ストレスは体内のタンパク質もかなり消費しますが、ビタミンCも大量消費します。

ビタミン豊富な野菜（野菜にはたいていビタミンが含まれています）を肉と一緒に食べると、ストレス撃退効果がさらに高まります。

イライラに収拾がつかない時は、野山を駆けながら狩猟している「はじめ人間ギャートルズ（一斉を風靡したアニメですが、ご存知ない方にはあしからずです）」さながら、ガシガシと肉を食らってください。

男らしく肉を食らえば気分も上々、良質のタンパクがあなたを守ってくれます。

ひとり旅で、ダンディな時間を過ごす

「ひとり旅」というと、少しセンチメンタルな匂いがしますか？　ワイルドなイメージでしょうか？　どちらも素敵ですし、セクシーな旅というのもありだと思います。

要はこの旅で、あなたが「ダンディ」な気分を味わえたらいいのです。

肝心なのは、「ダンディ」の定義です。

ここでは**「ダンディ」＝「俺って、結構イケてる」**にしてみましょう。

旅といっても、必ずしもどこかに泊まる必要はなく、日帰りでもいいし、近場で数時間過ごすだけでもいいのです。なるべくなら電車を使って、のんびりとでかけてください。車内のざわめきにぼんやりと身を置いて、車窓の外に広がる景色を眺めながら、何をするわけでもなく（スマホも見ずに）、ただ電車に揺られてみてほしいのです。

思えば私たちは、休日もたいてい自宅やスポーツクラブ、近くの飲食店やカフェなど、自分が暮らし慣れた風景の中で多くの時間を過ごしています。慣れた環境に身を置くことは心の落ち着きにつながりますから、けっして悪いことではないのですが、心にイライラがたまっていたり、しんどい思いを抱えている時は、目にする風景を変えることで、気分がすっと切り替わることがあるのです。

イメージとしては、「脳に爽やかな風を通してあげる」という感じでしょうか。

きちきちに張り詰めたり、がちがちに固まった脳を、すっと解放してあげる。そうしたイメージで旅に向かうと、心身の状態もそのイメージに誘《いざな》われますから、とても有効です。そして風を感じたあとのあなたは、きっとゆとりのある表情を浮かべ、イライラしていた時や気分がふさいでいた時とは、別人のオーラを発しているでしょう。

それが「ダンディのオーラ」です。

自分がひとまず「イイ線いっている」と感じられること。それは間違いなく、明日のパワーにつながります。

ぜひ旅に出て、ダンディな気分を味わってみてください。

旅なんて行きたくないよ、行ってもすることがないよ、というあなた。

プチひとり旅として、「遠くのスパに行く」というのはいかがでしょう。

お湯のある場所はとても癒されます。大量の湯、大量の湯気が、あなたの体をほぐし、心をなごやかにしてくれます。素っ裸で他人と同じ湯船に浸かることが、あなたの戦いモードのスイッチを、自然とオフにしてくれます。

自分の住んでいる町から離れた場所のスパなら、知り合いとばったり会う確率も減りますから、あなたは真からリラックスできる時間を持つことができるでしょう。

グーグルで「スパ」「人気」とか、「スパ」「おすすめ」などと検索してみれば、評判のいいスパの名前がたくさん出てきます。温泉地の日帰り入浴などを利用するのもいいし、老舗の銭湯などもくつろげると思います。

ここでは、電車に乗って行くというのが、おすすめです。

そしてゆったりと湯に浸かって、体が温まったら、のんびりとその町の散策を。

さっぱりとしたあなたの心身からは、たまっていた毒も抜けて、目にする風景もすんなりと心に入る状態になっていると思います。

ひとり旅は、でかけるまで面倒に感じられるかもしれませんが、ぜひとも試していただきたいギアチェンジ法のひとつです。

時間もコストもそれほどかからず、心のクリーニングに最強の効き目があります。

そして、心のクリーニングが次第にうまくなって、目を閉じて深呼吸するだけで脳の中に風を感じられるようになってくると、その風は、あなたの日々感じる「無常」も吹き飛ばしてくれるようになりますし、「ダンディな、結構イケてるあなた」のイメージもどんどんリアルになっていくはずです。

「寄席」へ、粋な日本男子《にほんだんじ》に会いに行く

「寄席」というと、初めから関心の薄い方や、入りにくい雰囲気を感じている方、敷居が高く感じている方もいるかもしれませんが、実はとても居心地がいい空間です。

寄席の客席は「ザ・日本」というか、伝統的に日本男子がくつろげる雰囲気が残っていて、その気になれば午後から夜まで一日中のんびり過ごせたりします。おまけに客席での飲食が自由で、持ち込みもOKだったり、アルコールが飲める寄席や、その日のチケットを買えば、いったん出て、また好きな時間にふらっと入れる寄席もあります。

こんなに自由で、ゆったりキラクに和めて、しかも笑える空間なのですから、食わず嫌いだった方はぜひとも一度は寄席体験をしていただきたいと思います。

寄席では、落語や講談だけではなく、紙切りや手品、音曲などいろいろな演目を楽しむことができますが、ここでは少し落語のお話を。

ご存知かと思いますが、落語で掛けられる噺には、人情噺や滑稽噺、怪談噺、郭噺などがあり、それぞれの噺に、客を引き込む独特の面白さがあります。そして、その面白さは、どうやらそれぞれの噺に出てくる人物の、明るさや茶目っ気、単純さによるところが大きいようです。

落語は、暗い噺や悲しい筋書きの噺でも、どこか面白く愛嬌があって必ず救いが感じられます。意地悪だったり姑息だったり悪役だったりする登場人物も、どこか憎めないキャラクターになっているのです。そこが江戸の良さなのでしょうか。現代のような人間の表裏のある複雑な心理とは無縁な、からっと爽やかな人物ばかりなので、聴いていると、つかの間、浮き世のゴタゴタを忘れられて心が軽くなってくるのです。

その明るく魅力的な登場人物を、たったひとりで、身ひとつで演じ分けるのが噺家さんなのですが、この噺家という職業、長い修業時代を経て、真打（一人前）になってもなお努力を重ねて自分を磨き続けなければならないという孤独な生業です。同じ噺でも今日の味わいは今日しか出せないという、まさにその日その時が真剣勝負。軽妙な語り口とテンポで客席を巻き込む堂々たる風情と、その芸のさらしっぷり、芸人としての厳しい生きようはとても刺激的で、人間の底力を感じさせてくれます。

そこには、潔かったり、人情深かったり、一本気だったり、かっこいい日本男子の「粋《いき》」がしっかり息づいているのです。

そうそう、近年は女性の噺家さんも多くいらっしゃいます。けれども、ここではあえて女性の噺家さんも「日本男子」のくくりに入れさせてください。なぜって女性の噺家さんも、シャキッとした高座の姿は、やっぱり日本男子の風情を持っていて「うーん、かっこいい。粋だねえ」と感じさせてくれるから。

「寄席」以外でも、自分とは異なる世界で異なる戦い方をしている方との出会いは、とても貴重で大切なもの。その出会いは、世界は違えども同じ時代を生きている同志のような感覚をきっとあなたにもたらせてくれるし、あなたの心をふっとラクにしてくれると思います。

陶芸、写真、華道などの「創作」で、マイワールドを謳歌する

子どもの頃、ひとつの遊びに没頭して時間が経つのを忘れた経験はありませんか？　時間も、疲れるのも忘れて、なにかにのめりこむ。これは素晴らしい体験ですね。やっていて楽しいし、絶対的な幸福感や充足感があります。しかも終わったあとは、本当にすっきりとした気分を味わえます。

そんな子ども時代の遊びと似た環境を体感できるのが「創作」の世界です。私たちは大人になって、頭のどこかで損得や因果を考えて生きるクセができています。それらをとっぱらって、自分の思いのままになにかを創るという行為は、あの子ども時代の夢中になった感覚を追体験できます。とはいえ、ゲンキンな大人ですから「その場で消えるもの」より「手元に残るもの」を創作するほうが、納得して入り込みやすいのも事実。

そこでおすすめなのが「陶芸」「写真」「華道」などです。

【陶芸】

陶芸は、精神集中やできあがりのイメージが必要とされるので、大人の遊びとしては知性も刺激されて、とてもいいと思います。あとでその作品を自分で使えるとか、友だちや知人にプレゼントできるといった利点もあります。

黙々と土をこねて集中力を高め、自分がイメージしたものを形にしていく作業には、自分自身の精神も成長できるといった楽しみがあります。そしてなにより、土は人を癒してくれますので、都会に暮らしている方には特におすすめです。

趣味で食器などを創るようになると、和食店や割烹などで器を愛でるのが楽しみになったり、全国各地の窯元や陶芸展も巡りたくなったりして、創作を取り巻く世界もどんどん広がっていくようです。

【写真】

デジカメやスマホの普及で、今や誰もがプチカメラマンと言えるくらい、写真の人気が高まっています。コンパクトなカメラでも撮影機能が格段に向上していますし、写真の面白さに目覚めて、一眼レフカメラに興味を持ち始める方も少なくないようです。

写真を撮るだけならいつでもどこでも手軽にできますし、はまってみるとやはり奥が深いので、大人のギアチェンジにはもってこいだと思います。

特にデジカメやスマホによる撮影は、枚数を気にせず写せますし、その場で確認して撮り直しができるところも、せっかちですぐに結果を求める現代人には合っているのではないでしょうか。

写真を撮るという楽しみを介して、自分がどんなものをいいと感じ、どんなふうに表現すると楽しいかも考えてみるといいかもしれません。心の目がしなやかに働くようになると感性の幅が広がって、ふだんの生活でも、これまでとちょっと違った楽しみ方ができるようになるかもしれません。

【華道】

華道でギアチェンジするとは、ちょっと意外に感じるかもしれませんが、近年、「華道男子」も増えているようです。

花を生けるには、全体の枝ぶりや色彩のバランスを考える力が求められます。しかも花は生きものですから、今日と明日では違う表情を見せます。そうした花の状態も考慮しながら、花が最大限に美しく見えるよう生けてあげる。その作業は、大変な集中力を必要とするそうです。

ピンと張りつめた集中の時間と、花を生けたあとにやってくる豊かな喜びや感動が、華道男子を魅きつけてやまないのではないでしょうか。

また、**生きているもの、美しいものを慈しむひとときは、ふだんの戦いモードにはない、穏やかで優しい気持ちを取り戻すきっかけにもなります。**

それって、実は心のリラックスにとても大切なこと。華道効果、おそるべしです。

ここでは「陶芸」「写真」「華道」と三つの創作を紹介しましたが、これらに共通しているのは「他の人とコミュニケーションをとらなくても創れるもの」です。もちろん、講師の指導を受けるなど最低限のコミュニケーションは必要ですが、**作品を創ること自体は個人プレー、まさに「マイワールド」で創り上げる世界なのです。**

そう、ここがミソなのです！

ストレスフルな毎日で疲れがたまっている時に、新たな人間関係を構築するのはしんどいこと。けれども残念ながら、あなた以外の人が、あなたに代わってそのしんどさを減らすことはできないし、あなたのしんどい内容を他の人に一〇〇％理解してもらえることも、めったにありません。

だからこそ「マイワールド」が必要なのです。

心のケアも自給自足が基本です。

自分のエネルギーは自分で供給し、自分で満タンにする。そうしたメンテナンスを定期的に行うために、創作などの手法を借りて**戦いモードを解除し、居心地の良い自分へギアチェンジすることが大切**なのです。

「ボランティア」で、仕事以外の人とのつながりを実感

昨今、全国各地で様々なボランティア活動が行われています。ボランティアは、一度でも経験した人には身近に感じられるようですが、未経験の人にとってはとっかかりが見つかりにくく、重い腰もなかなか上がらないようです。

けれども嬉しいことに、近年、若者たちから「社会貢献したい」「時間が許すかぎりボランティアに参加したい」といった声が多く聞かれるようになりました。一般的に社会が成熟し、民度が高まってくるとボランティアの意識も高まると言われていますが、ここでは社会貢献とか慈善、奉仕の心といったものはさておき、「ボランティアは、あなたにとっても良いことです」という点をお伝えしたいと思います。

人が喜んでくれることをする。
このことは、あなたの喜びにもつながります。

人の手助けをする。
このことは、あなたの心を救うことにもつながります。

私たちはたいてい生きる糧を得るために働き、生計を立てています。「生計」が働く目的のひとつなので、どんなにつらくても逃れられなかったり、思うようにならない現実に息苦しさを感じている人も少なくないと思います。

かたやボランティアは、生きる糧を得るという目的で行うものではありません。会社名や肩書、○○ちゃんのお父さんといった役割から離れて、誰かのためにあなた自身の知恵や能力を発揮できる場所であり、そこでは金銭にかえられないものを得ることができます。

たとえば、見ず知らずの人々と一緒に汗をかくという充足感。人に感謝されることの喜び。あるいは、あなた自身も気づいていなかった長所や得意なことに出逢えるかもしれない……。

ボランティアを経験した方はよく、こんなことをおっしゃいます。「肩書や立場を離れて生きるってキラクだなあ」「人に喜んでもらえるって素敵なことだな」「自分が人を助けているつもりが、実は人から助けられていることに気がついた」など。
そんなふうな感覚を、あなたも感じることができたらしめたもの。ふだんの息苦しさを忘れてすがすがしい気持ちになれるでしょうし、見上げた空がいつもより晴れやかに見えるかもしれません。

近年は、ボランティアの専用サイトも多数登場し、ボランティア経験がなくても気軽に参加できるものも増えてきました。中には観光をかねたボランティアツアーといったものも登場しています。ボランティアの内容も、体力を要する作業だけでなく、パソコンを使った事務的な作業や、ボランティアを必要としている方との心の交流を求められることもあります。自分が興味があるものをあまり考えすぎず選んで、実際に参加してみて、その雰囲気を体験してみるだけでも、気づきや発見があると思います。

ボランティアはそもそも「誰かから必要とされて」「誰かのために」行うもの。
誰かのためになにかをしたら、自分が思いがけない喜びを実感できる。
その感覚を、ぜひ味わってみてください。

心がすがすがしくなれば、あらゆるものも皆すがすがしい
――良寛（僧侶、歌人）

目からウロコの「筋トレにはまる」

私はリワークのプログラムの中で、「表現法」のほかに「ストレッチ」「ダンス」「筋トレ」といった体を使うワークも担当しています。これらは「心と体はつながっている」という考えのもと、体の外から心にアプローチする目的で行うものですが、運動不足の改善になったり、よく眠れるようになったり、一石何鳥もの効果が得られています。

その中でも男性にとりわけ人気が高いのが「筋トレ」です。

初めて参加された方は必ずと言っていいほど「体力がこんなに落ちていたとは……」と愕然とされます。一時的に心身の調子を崩して参加されているのだから仕方がないし、ちっとも恥じることではないのですが、皆さん、どうやら体力が落ちたのを目の当たりにして、年齢への抵抗というか、負けず嫌いの気持ちが刺激されるようで「筋トレやってみるかー」ということになるようです。ひそかに自宅で筋トレを始める方も少なくなく……。これがやっているうちに、ほぼ大半の方がはまってしまうのです。

なぜ筋トレにはまるのか？

それは自分の努力したことが、確実に結果となって出るからではないでしょうか。

私たちは常日頃、ゴールが見えにくい状況の中で仕事を続け、無理を重ねています。その点、自分がコツコツと続けたことの成果がちゃんと出てくる筋トレは、ごまかしがなくクリアで、すっきりと楽しめます。しかも続ければ続けるほど、筋肉がついて体が引き締まってきたり、体を動かすことに慣れて筋トレ自体が楽しくなるなど、いくつもの嬉しい実感が得られます。

効果が目に見えるという点では、ストレッチも同様です。体がとても硬かった方が、毎日少しずつ前屈を続けて、ある日、頭が足にぺったりとついたりすると「やったー。先生、頭がつくようになったよ！」と子どものように喜ばれることもあります。以前は思うように曲がらなかった体が、しなやかに心地良く伸びている。そんな自身の変化に感動できるのです。

おまけに筋トレやストレッチは、深呼吸と合わせて行うと脳をスッキリさせる効果もあります。**体を動かす充実感があるし、努力しただけの結果も出るし、頭もクリアになる**。となれば、はまる気持ちもごもっとも！と言えます。

ただし筋トレには、気をつけておきたい落とし穴もあります。調子が良くない時期は、夢中になるあまり、適度な運動量でやめることができず、つい体に負荷がかかりすぎるトレーニングを行ってしまうことがあります。これは自分の判断力やコントロール力が弱まっていて、自分の状態を客観的に把握したり、状況に合わせて調整することがうまくできにくくなっているため。あるいはイライラが強すぎたり、自虐傾向にある際も、筋トレへの歯止めがきかなくなることがあります。

ですから、この項を読んで「よし、運動しよう！」と思い立った場合も、最初は軽めのメニューからスタートしてください。目安としては、腹筋十回×三セットと背筋十回×三セットから始めて、慣れてきたら、それに腕立て伏せを十回プラス。それが一週間続いたら、さらにスクワット十五回をプラスする、といった具合です。この際、腹筋と背筋は必ずセットで行いましょう。

「簡単だなあ、もっとできるよ」と感じても、「ほどほどの感じ」でとどめておきましょう。腹筋＋背筋＋腕立て伏せ＋スクワットを一カ月間続けるだけでも効果大です。

「続ける」ということに意味があるし、軽めのメニューを長く続けるので、筋肉を傷めることなく効果的にアプローチでき、それが良い結果にもつながります。

まずは、ほどほどの感じで、楽しんでトライしてみましょう。

そして、筋トレの始めと終わりには体を伸ばす、体を回すなどの軽いストレッチを。

このストレッチが筋トレ後の心地良さを倍増させ、翌日に疲れが残るのも防いでくれます。

「ワーク・ライフ」でなく「ライフ・ワーク」バランスを考えよう

リワークのプログラムをメンバーさんが卒業される時、「ここで貴重な時間を過ごすことができました」とおっしゃる方がいます。そのように感じられる方は意外と多いようで、私はその言葉を聞くたびに嬉しくて胸が熱くなります。

皆さんが「貴重な時間だった」と語るおもな理由は、「調子が悪くなったおかげで、それまでないがしろにしていたり、気づかなかった大切なことを発見できた」というもの。その気づきは、ときには自分の人生観や価値観をがらりと変えてしまうほど、大きなものだったりするようです。

日本でもこのところ「ワーク・ライフ・バランス」を促進する動きが活発になっています。けれどもその一方で、仕事にやりがいや充実感が感じられず、職場は人手不足で長時間労働を余儀なくされ、体を休めたり家族と一緒に過ごす時間も思うようにとれず、過度の緊張やストレスによって心身のバランスを崩す人は増え続けているのが現状です。

そんな中でも、生計を立てるためにがんばって働いている。職場での評価は満足できるものではないし、給与もベースカットが続いて労働の喜びは失われるばかりだけど、この会社を辞めると路頭に迷いそうだから、ガマンしている……。そういう切実な状況に身を置いている人が本当に多いと感じています。

でも本来、私たちは、仕事をするために、生きているわけではないはずです。

「ワーク」があって「ライフ」があるのではなく、まず「ライフ」があって、その次に「ワーク」があるはず。

「できるだけ幸福感を感じられる人生を歩みたい」と誰もが思い、人から認められ、必要とされ、愛されることを願っているはずです。

その願いが職場で、家庭で、周囲の人との関係で叶えられない。だから過度にがんばってしまったり、悲しみやいらだち、絶望が生まれるのではないでしょうか。

調子を崩したのなら、それは「ワーク」と「ライフ」を逆転させるチャンス。そう考えてみませんか？

仕事をおろそかにするのではなく、仕事優先の暮らしから、人生まずありきの仕事にギアチェンジしてみませんか。そんな提案をしたいのです。

「生きるって、評価を得ることだけじゃなかったんですね」

「幸福って、誰かとの比較や勝ち負けの上にあるものじゃないんですね」

「ここで貴重な時間を過ごすことができた」と話される卒業生の方々の言葉の中には、多かれ少なかれそんな思いが込められているように、私は感じています。

あなたは「あなた」であって、他の誰でもありません。

だからあなたの願う「幸福」を味わいながら、生きていただきたいと思います。

我々は幸福になることよりも、
幸福だと人に思わせるために四苦八苦しているのである
――ラ・ロシュフコー（モラリスト　政治家）

chapter 4

笑顔を積み重ねて「スマイルな人」になる

chapter4は、笑顔でいることの効用を再確認していただき、
「スマイルな人」になるための実践的な方法を紹介します。
自然な笑顔が身につく頃には、あなたの印象が良い方向に変化し、
きっと穏やかな気持ちも得られると思います。

スマイルの効用を再確認

これまでちろちろとジャブを打ち込むごとく「笑顔はいいですよ」「口角上げると印象が良くなります」などと、スマイルの効用を紹介してきました。ｃｈａｐｔｅｒ４では、さらにビシッとストレートに「スマイルな人」をおすすめしたいと思います。というのも、日々笑顔を少しずつでも積み重ねることによって、あなたはよりスマイルな人へと変化できるし、どんな時も穏やかに過ごせるようになるからです。

昔から日本の男性は、欧米の男性に比べてスマイルが少ないと言われてきました。それもそのはず、この国では「日本男子たるもの、人前で歯を見せるな（笑うな）」という教えを受けてきたのだから、「人前で愛想を振りまくようなことができるかっ！」と直感的に感じられても不思議ではないのです。

けれども、少し考えてみてください。今、私たちが暮らしているのは二十一世紀です。世界の国々の垣根が取っ払われ、我々日本人も、様々な国の人々と同じ場所に集って、コミュニケーションをとる時代なのです。生まれてこのかたスマイルにちっとも抵抗のないアメリカ人やイタリア人やブラジル人の男性たちの輪に入って、日本人のあなたがスマイルとはほど遠い、ガチガチの表情でいたとしたら……。これはもう、コミュニケーション的にソン以外のなにものでもありません。

笑顔になると、目の輝きが違ってきます。
笑顔になると、血液の流れやホルモンの働きが活性化します。
笑顔になると、やる気が出てきて食欲が増します。
笑顔になると、免疫力も上がります。
笑顔になると、フェイスラインも引き締まります。
笑顔になると、人が集まってきます。
笑顔になると、自分をもっと好きになれます。
笑顔になると、好奇心が旺盛になってきます。
笑顔になると、細かいことを気にしたり、クヨクヨする時間が減ります。

笑顔になると、よく眠れるようになります。

笑顔になると、明日に期待が持てるようになります。

こんなにいいことがいっぱいなのに、笑顔にかかるコストはゼロ。しかも今すぐできて、副作用もありません。

さあ、chapter4ではもう一度、口角を上げていきましょう。

いつでもお互いに笑顔で会うことにしましょう。笑顔は愛のはじまりですから
——マザー・テレサ（カトリック教会の福者、「神の愛の宣教者会」創立者）

「口角上げ」のスペシャルストレッチ

ここでは、とびきりスマイルな人になるための、口角上げストレッチを紹介します。ここで紹介するストレッチは笑顔の即効性があり、プレゼンやスピーチの前、写真撮影の前などに行うと、自然な表情を作りやすくなります。ぜひ試してみてください。

私たちの顔は「表情筋」というたくさんの筋肉で構成されています。けれどもたいていの人は、日常生活でそのうちのごく一部の筋肉しか使っていません。特に男性は、一日のコミュニケーション量が女性の三分の一程度と言われ、女性よりはるかに表情筋を動かす機会が少ないようです。一日中デスクワークをしている方や、パソコンやスマホが手放せない環境にいる方は、きっともう表情筋がガチガチに固まっています。

体の筋肉と同様、顔の筋肉も使わないかぎり、こわばったままですし、いざ動かそうと思ってもスムースには動いてくれません。まずはウォーミングアップで、表情筋をほぐすことから始めましょう。

この項を読んで**「やったつもり」はダメです。肝心なのは「やってみる」ことです。やってみる。もちろん自分のハッピーのためにです。**

まずは、自分の顔がきちんと映せる大きさの鏡の前に立って（座って）ください。鏡は据え置きタイプの方がおすすめです。自分の表情がしっかり見れるし、ストレッチ中に両手が自在に使えるからです。

【ウォーミングアップ①】

（一）顔の中心に目や鼻、口など顔のパーツすべてをギュッと寄せ集めて、五秒キープします。「ギュー！」と声を出して行うと、力が集中できてｇｏｏｄ。

（二）寄せ集めたパーツをできるだけ顔の外へ広げ、五秒キープします。「パーッ！」と声を出して行うと、力が集中できてｇｏｏｄ。

（三） 顔のパーツすべてを右上に寄せて、五秒キープします。
（四） 顔のパーツすべてを左上に寄せて、五秒キープします。
（五） 顔のパーツすべてを右下に寄せて、五秒キープします。
（六） 顔のパーツすべてを左下に寄せて、五秒キープします。
（七） 最後に顔のパーツすべてをマドラーでかき混ぜるように、上下左右にぐにゃぐにゃと動かします。なるべく大きく動かしましょう。

【ウォーミングアップ②】
（一） 体の中心線をすーっと伸ばして引き上げるイメージで、姿勢を正して座ります。胸を張り過ぎないよう注意します。
（二） 下あごを前に出し、下唇を前方に突き出します。（サザエさんに登場するアナゴさんのように。または、いかりや長介さんのように）
（三） （二）の状態で、首を後ろに倒します。
（四） 天井を向いて下あごと下唇をさらに突き出し、頬の筋肉を引っ張り上げるようにして笑顔を作り、五秒キープします。

(五) 天井を向いたまま、下あごと下唇をふだんの状態に戻し、首を元に戻します。

(六) (一)～(五)を二セット以上行います。

日々どちらかというと表情が少なく、表情筋をあまり動かさずにきた人は、ウォーミングアップ①②だけで、顔に軽い疲労感を覚えるかもしれません。それはふだん使ってこなかった表情筋が動いた証拠。嬉しい疲れです。両手で優しく顔をマッサージしてください。

そして、口角を上げるトレーニングに入っていきましょう。

【口角上げトレーニング①】

(一) 正面を向いて口を閉じたまま、口角を上げます。うまく上がらない時は、両手の指で口の端を持ち上げます。

(二) 口角を上げたまま、目尻から頬にかけての筋肉を上下に二十回動かします。

【口角上げトレーニング②】

（一）口を開けて歯を見せて（おもに上の歯を見せるように）、口角を上げます。うまく上がらない時は、両手の指で口の端を持ち上げます。

（二）歯を見せて口角を上げたまま、目尻から頬にかけての筋肉を上下に二十回動かします。

【口角上げトレーニング③】

（一）歯を見せて笑います。顔全体が引っ張り上げられるつもりで、口、頬、目、眉、おでこなどすべてのパーツを上へ押し上げて、三秒キープします。

（二）顔の緊張を緩め、脱力します。

（三）（一）（二）をリズミカルに十セット行います。

どれも簡単そうな動きですが、実際に行ってみると、意外に顔の筋肉はスムースに動いてくれないことに驚かされると思います。けれども毎日続けていると、確実にほぐれていきます。男前度が格段にアップするので、もしかしたらChapter3の筋トレより、やみつきになるかもしれません。

言葉にスマイルを添えると、コニュニケーションがラクになる

さて、表情筋がほぐれたら、スマイルを活用して、表情のある生きた言葉を発声する練習に入りましょう。まずは一人でリハーサルをしてみてください。あなた自身の言葉に驚きの変化が起こるはずです。

鏡の前で背筋を伸ばし、口角を上げて「おはようございます」と声に出してみましょう。この時、「(にっこり) おはようございます (にっこり)」というふうに、「にっこり」という言葉を、心の中であいさつ言葉の前後に呟きます。

この「にっこり」という言葉、実は、ものすごいスマイルパワーを持ったワードです。

たとえば、あまり快く思っていない人と顔を合わせた時、どうしても不愉快な感情が心に宿りがちです。そんな時に、

「（にっこり）お疲れさまです（にっこり）」

というふうに、心の中で「にっこり」をサンドイッチしながら会話を続けていくと、不思議なことに声の響きが明るくなり、相手の表情もほぐれ、場の空気が和んでくるのが感じられるはずです。

「そんなことする必要ないよ」と思ったあなた、この「にっこり」は、相手がひそかに感じているあなたの印象（今日も機嫌が悪そうだな、など）を、好印象（愛情を持って接してもらえて嬉しいな、など）に変えるマジックでもあるのです。

つまり**「にっこり」は、相手のためでなく、あなたの印象をプラスに変える呪文なのです。**

また「にっこり」には、あなたのネガティブな気持ちを緩和したり、ポジティブな思いをさらに高める効果があります。「そんなバカな……」と疑う前に、鏡の前でトライをお願いします。

まずは、口角を上げて「（にっこり）あの野郎！（にっこり）」

次に、口角を上げて「（にっこり）いいレポートだ（にっこり）」

いかがですか？ 「くそっ」という気持ちは緩和され、「ありがとう」の気持ちはトーンアップすることに気がつくでしょう。クリニックのメンバーさんの中には、「にっこり」のかわりに「キラーン」という言葉を使っている方もいます。その方がおっしゃるには「キラーンのほうが口角を上げやすい」とのこと。

「にっこり」の効果を実感していただけたら、「キラーン」のようにあなたがしっくりくる呪文の言葉を用意するのもおすすめです。そしてよけいなことを考えず、日々の挨拶から活用してみてください。

チャレンジした方にはもれなく「あれ、なんかイイ感じ？」という気づきが起きます。それは「人と会話していて、スマイルでいる時間が増えた」「周囲の人とコミュニケーションがとりやすくなった」といった気づきです。

コミュニケーションが日常的にうまくいくと、心に余裕が持てるようになります。心に余裕が持てるようになると、「にっこり」がもっとすんなりラクに使えるようになります。それに伴って、周囲の反応も良い方向にシフトしていきます。

というのは、人は良いエネルギーをキャッチすると、本能的に、相手にも良いエネルギーを返したくなる傾向があるからです。もちろんビジネスの難しい交渉事などでは易々といかない場面もありますが、日常的なコミュニケーションでは、たいていこちらから投げた良いエネルギーは、良いエネルギーのまま自分に戻ってきます。

まずは軽く一球！「にっこり」を投球してみてください。

目力をつけて、スマイルをパワーアップする

人は調子が良くないと、たいてい目の力が失われてきます。そうなると周囲の人の目には「やる気がなさそう」「話を聞いてないみたい」といった印象に映りがちです。社会生活においてそれはとてもマイナスなので、できれば避けてほしいと思います。

疲労がたまったり、しんどい状態が続いていて、顔に疲れが出てきているようなら、**口角上げと目力アップで、「スマイルの人」へのイメージシフトを図りましょう。**

人は印象のいい人に興味を持ったり、近づきたいと思うし、話しかけたくなります。特に初対面の「ファーストインプレッション（第一印象）」はとても重要で、その印象は会ってわずか六秒程度で決まってしまうのだそうです。しかもはじめの六秒に相手が抱いた印象は、おつきあいが始まったあとも長く変わることがないそうです。

とすれば逆転の発想で、この六秒を「スマイルな人」として印象づけておけばいい、ということにもなります。

そこでポイントとなるのが「口角」、そして「目」です。口角上げの方法については、すでに習得済なので、ここでは「目力アップトレーニング」を紹介します。このトレーニングは、顔が疲れて見えたり、初めての人と会う時以外、プレゼンや面接などアピール力を求められるシーンの直前にも使えます。可能なら、鏡の前で行いましょう。

【目力アップトレーニング】

(一) 目を閉じて、眉毛を上げます。

(二) 眉毛を上げたまま、目をできるだけ大きく開けます。(目があまり大きく開かない時は、指で目を軽く挟んで大きく開きます)

(三) 目を大きく開けたまま、眉毛をゆっくり下げます。

(四) 目の力を抜いて、目を閉じて数秒リラックスします。

(五) (一)~(四)を三~五セット繰り返します。

このトレーニングをしたあとは、目に力強い印象が宿ります。トレーニング後に目に軽い疲労感を覚えたら、目を閉じて両耳の耳たぶをつまんで軽くマッサージしてください。耳たぶには目のツボがたくさん集まっているので、ここを刺激することで、目の疲れがとれるし、首や肩の血流も良くなってリラックスできます。

また、このトレーニングは眠気が襲ってきた時や、目が腫れぼったい時にも効きます。寝不足の朝や、飲み過ぎた翌日などにもお試しください。さらに職場で上司や同僚、仲間に対して、やる気を見せたり元気なイメージをアピールしたい時にも効果的。

どうぞ毎朝、目力アップトレーニングをして、仕事に出かけてみてください。実はこうしたトレーニングは、キャリアアップに敏感な女性たちは、けっこう習慣にしていたりするんですよ。

目の力が足りないな、と思ったら、こっそりトレーニングです。

一度与えた第一印象をやり直すチャンスは二度とあらわれない
――アメリカのことわざ

少し大きめの声で、挨拶＋スマイルを連打

そろそろ「スマイルな人」の感覚がつかめてきた頃だと思います。ここからは日常生活の様々なシーンでスマイルを実践しながら、次から次へ訪れるステージを、ゲームのように一つひとつクリアし、スマイルに磨きをかけていってください。

ここであなたにおすすめしたいのは「挨拶ゲーム」です。

挨拶というのは、一方的な発信でも許されるアクションです。出会いがしらに「おはよう」でもいいし、手を上げて「やあ」でもいいし、丁寧に「その節はお世話になりました」でもいいです。

ルールはたったひとつ。**挨拶の言葉を発する時に、必ずスマイルを添えて、しっかり相手に届けてください。**「はっきりと大きな声で」を意識すると、相手にもよりすがすがしく感じてもらえるでしょうし、あなたの気分も良くなって、さらに自然なスマイル

がこぼれます。

挨拶したあとのコミュニケーションは、なりゆきまかせで構いません。爽やかにすれ違ってもいいし、相手が話しかけてきたら会話をすればいい。基本的に挨拶というのは、日常的なコミュニケーションをスムースにするクッション的な役割なので、やったもの勝ちなところがあります。ゲーム感覚で楽しみながら、挨拶する人の数を増やしてみてください。ゲームと同様、スマイルも慣れるほどうまくなります。

ただしひとつだけ、注意していただきたいことがあります。

たとえば調子があまり良くない時に、挨拶＋スマイルを連打していると、ときに疑いの気持ちが強くなることがあります。相手の反応を受け止めたあなたが「ヤバ、相手が不快になったんじゃないか」「ヤダな、意地悪な目つきで見られた」などと感じるようなら、その日の挨拶＋スマイルは、ゲームオーバーにしましょう。

一般的に言うと、そういう場合はたいてい相手が急に声をかけられて驚いたとか、ほかのことを考えていたといった状況であることが多く、あなたが本調子でないために、相手の反応が過剰に気になったということもあり得ます。ですからそんな日は、「俺の調子がいまいちなんだな」「調子が良くないことに早く気がついて、ラッキーだった」というふうに考えて、潔くゲームは中止してください。

「いや、こうすれば」とか「でも」などと考える必要もありません。ゲームはいつでも始められるし、いつでもやめられます。ゆっくり着実に、ギアチェンジしたり、スマイルのトレーニングを取り入れたりして、本番に臨んでいきましょう。

無理なハイペースより、マイペース＆スローステップで進むほうが、長く着実に望む道を歩むことができます。

そして今日は大丈夫と思った日に、ゲームを再開。挨拶＋スマイルの連打を、どんどん実践していきましょう。

賢明に、そしてゆっくりと。早く走るやつは転ぶ
——ウィリアム・シェイクスピア（作家）『ロミオとジュリエット』

店員さんへ「お願いします」「ありがとう」のスマイル

スマイルな毎日に慣れてきたら、日常のあらゆるシーンで笑顔をガンガン使いこなしていきましょう。「笑顔の百本ノック」、これはとても有効な手段です。その日の調子を見て「よし！　いけそうだな」と思ったら、周囲に、社会に、あなたの笑顔をふりまいてください。

私が行っているダンスのワークでは「ステップが覚えられない」「頭ではわかっているけど、どうしても足（体）がついてこない」といった声をよく聞きます。

私の返答はいつも同じです。

「（にっこり）百回やればできますよ（にっこり）」

こう言うと、たいていゲンナリとした表情をされますが、本当に百回やればできるようになるのだから、仕方がないのです。とにかくステップを踏む。よけいなことを考えず、音楽が流れたらステップを踏む。それを繰り返すと、自然にステップが踏めるようになるのです。

ことわざにある「習うより慣れろ」とは良く言ったもので、何かを身につけたいなら反復練習が一番なのです。

百回もやれば、どんなこともたいてい体にしみつきます。

もちろんスマイルも、反復練習が一番。体で習得したことは忘れませんし、笑顔が身につけば「笑わなくちゃ」「口角を上げなくちゃ」「せーの！」などといちいち考えなくても、にっこり笑顔になれるのです。

百本ノックの練習場所として、いつでも気軽に行けて、使う頻度が他の店に比べてもダントツに高い「コンビニ」を、私はおすすめしています。

やり方は簡単です。レジにカゴを置いたら、「お願いします」とスマイルで一言。会計が終わったら「ありがとう」＋スマイルです。これだけです。もちろんドラッグストアでも、スーパーマーケットでも、ブックセンターでも構いません。行きつけの店をトレーニングジムにして、どんどん笑顔の百本ノックをしていきましょう。

また、「行きつけの店で顔見知りの店員さんにスマイルを見せるのはどうも……」と思うなら、初めて行く店を練習場所にするといいと思います。相手がまったく知らない人なら、もしもスマイルしそこねて、ちょっと噛んだり引きつったりしても、あまり恥ずかしくないし、もし恥ずかしい思いをしても、しばらく行かなければいいだけなので安心です。

ただしここでも注意点がひとつ。いくらスマイルがおすすめといっても、コンビニの見知らぬお姉さんに満面の笑みで笑いかけると、なにやらセクシャルな勘違いをされて、やっかいなことになる危険性もあります。

ここで浮かべるのは「さりげないスマイル」です。くれぐれもご留意を。

練習というのは慣れで苦手意識を克服することです
――松岡修造（元テニスプレーヤー、テニス指導者）

「バイバイ」「じゃあね」を、笑顔とセットで

友だちや恋人、同僚などと一緒にひとときを過ごしたあとの「バイバイ」「じゃあね」の表情って、とても大切だなあ、と私は思っています。

別れ際に相手がぶすっとしていたり、無表情だったりすると「なにか気にさわることをしたかな?」「つまらなかったのかな?」などと気になってしまいますね。相手が大切な人だったり、しばらく会えない関係だと、そういう気分は自分の中でかなり長くくすぶることもあります。あるいは定期的に会わなければならない相手だと、次に会うことを考えて気が重くなったりして。

あなたはそんなふうに相手に思わせる「バイバイ」「じゃあね」をしていませんか?

私も思い返してみたら、楽しい時間を過ごしていざ別れる時に、次の予定がつい気にかかって、慌ててにこりともせずに「バイバイ」を言ったこともあったような……。あれもこれもと思い出していると、胃がキリキリしちゃいそうになりました。

「バイバイ」「じゃあね」は、一緒に過ごしたひとときの締めくくりであると同時に、再会につなげる言葉でもあります。そして、別れ際のあなたのイメージは、次に会うまで相手の脳裏に残ります。

「バイバイ」と告げた時のあなたの表情がとびきりの笑顔だったら、相手はあなたとの時間を思い出して「楽しかったなあ」「また会いたいなあ」と思うでしょう。

しかしその逆だったら？

会っている間、とても楽しく過ごしていたのに、別れ際の挨拶だけ、電池が切れたおもちゃのように、冷たい感じで済ませてしまったとしたら……。せっかくの楽しかった時間が、だいなしになりかねません。自覚も悪気もないのにそんなことになってしまったら、悲し過ぎますよね。

この章でファーストインプレッションが大切なことをお伝えしましたが、人間関係を深めていく中で、別れ際の印象もとても大切です。たとえ気分が沈みがちの状態であったり、多少不愉快だったりイライラすることがあったとしても、「バイバイ」「じゃあね」は笑顔とセットで締めくくりましょう。

最後の印象が「笑顔」だと、次に会う時にまた、笑顔からコミュニケーションを始められます。

ひとりで食べるごはんも、おいしい時間にする

あなたは、一日三度のごはんをしっかり食べていますか？

忙しい時や調子が悪い時は、食べることが面倒に感じられることもあるでしょう。食べたくないから食べない。そうするうちに食が細くなってしまった方もいると思います。もし今のあなたがごはんを食べるのがつらい状態なら、この項はスルーしていただいてかまいません。まずは一日三度の食事が摂れるように、心身をしっかり休めてください。トライするタイミングを計るというのも、大切なセルフケアのひとつです。

一方、「ごはんはちゃんと食べてるよ」「ごはんが楽しみ」という方に、ぜひ知ってもらいたいのが「ひとりごはんのおいしい過ごし方」です。これを実践すると、あなたの幸福感もきっと増します。

ごはんを食べる。それは「生きる」ことと同格だと、私は実感しています。食べ物を

口にする時は、一生懸命に生きているのと同じように、誠意をもっていただかないと、せっかくの栄養やおいしさの記憶、食べることで得られる幸福感をちゃんと感受できない気がするからです。

家族や親しい仲間と一緒に食べるごはんは、幸福感もひとしおですが、私は、ひとりごはんでも十分おいしくて豊かな時間が過ごせると思っています。

ひとりごはんは、自分にゆっくりとチャージできる時間。自分のペースで、自分の好きなものを味わって食べると、体の細胞の隅々に栄養やエネルギーが行き渡り、たまった疲れやへこんだ気持ちも癒されて、元気になれる効果があると思います。

「ひとりで食べるんだから、今日も牛丼でいいや」「コンビニで買って、スマホチェックしながら食べよう」。そういう方も多いかもしれませんが、「食べることを大切に考える」ということは「自分を大切に考える」ということにつながるのではないでしょうか。

自分を大切にすると、自分の中に新しいエネルギーが生まれるし、周囲を大切にするゆとりも生まれます。結果、自分も心地良く暮らせる。

一日三度のごはんの時間は、自分がそうあり続けるための儀式の時間のようにも、私には思えるのです。

その儀式を始める合図が「いただきます」です。

食べものを口にできることへの感謝、食べものを作ってくれた人々への感謝を込めた「いただきます」の挨拶。言葉は声に出して始めて、人の心を満たします。一日三度、ひとりごはんの時も、声に出して「いただきます」を唱えましょう。調子が悪くてあまり食欲がわかない時も、**「いただきます」という言葉を唱えることで、食べるスイッチがオンになります。**

「いただきます」がクリアできたら、次は「あー、おいしい」です。ひとりごはんであろうと、誰かと一緒のごはんであろうと、食事の時には必ず一回「あー、おいしい」と言葉にしましょう。もちろん笑顔を添えて。

ここでのポイントは「あー」です。

「あー、おいしい」と声に出すことで、体の中の感覚器官が目覚め、体じゅうを「お

いしい」気持ちで満たしてくれます。

「あー」は、自分の気持ち（感情）を表現できるシンプルな言葉。心地良い気持ちをいつでも思い出させてくれる、便利なワードなのです。

「あー、おいしい」＋笑顔。この方法で感情表現に慣れていくと、最初は意識的に作っていた笑顔も、いつしか本物の笑顔になってきます。

「あー」という音は、「おいしい」だけでなく「楽しい」「嬉しい」「笑える」、さらには「暑い」「お腹がすいた」「悲しい」など、あらゆる言葉に使えます。

「あー、楽しい」「あー、嬉しい」「あー、笑える」など。「あー」をつけたほうが、単に言葉を発するより、感情表現が豊かに感じられます。さらにすごいことに、あなたの耳はその声をキャッチして脳に伝達し、あなたをその気にさせてくれます！

食事の時はともかく「いただきます」＋笑顔と、「あー、おいしい」＋笑顔です。

そして、おいしいと実感できたら「やったね」＋笑顔です。

それはあなたの中で、チャーミングな部分が目覚めた証拠。ウキウキしたり、ワクワクする感覚を、そう遠くない日にたくさん実感できるようになると思います。

誰でもみんな、内面にチャーミングな要素を持ち続けていると、私は信じています。社会生活でもまれたり調子を崩して、チャーミングな要素を忘れかけていたとしても、その回路さえ思い出せると、あなたの中にチャーミングな部分がよみがえってきます。

どうぞ自分を信じてください。

小さな声でもいいから「いただきます」「あー、おいしい」と声に出してみてください。そして食事が終わったら、今日もちゃんと食べることができた自分に「よしよし！」の気持ちで、「ごちそうさま」＋笑顔を。

一見ささいなことに思える言葉の積み重ねが、一カ月後、一年後のあなたを、どんどんいい方向に変化させてくれます。

心も身体も道具である
――中村天風（思想家、実業家、日本初のヨガ行者）

ネトゲをするなら二時間まで

調子が悪くてネトゲ（オンラインネットゲーム）にはまったという人も多いようです。年齢や性別に関係なく、ネトゲのおもしろさにディープにはまってしまうと、昼夜が逆転したり、仕事に支障をきたす方もいるようです。

なぜネトゲに、はまるのでしょうか？

現実ではつながりのない相手だけど、同じゲームの中で知り合って、同志として戦ったり、敵同士として激しい戦いを繰り広げる関係。あるいは顔も素性も知らないけれど、ゲームの中では恋人同士のように通じ合えてしまう……。しかも電源をオフにすれば、いつでもリセットOKという関係の気軽さも、現実の社会に疲弊していると心地良く感じられるのかもしれません。

その気持ち、わかります。現実の人間関係は重くてしんどいものだし、思うようにいかないことも多いから、ときにうんざりしたり、逃避したくなったり……。そんな時、まったくのひとりぼっちな状況ではなく、バーチャルな世界でちょっとだけ気の合った相手と遊べたら楽しいし、嬉しいし、面白い……。

でも私はあえて言います。

「ネトゲは、二時間で電源をオフにできないなら、やらないほうがいいですよ」と。

私のその言葉に、皆さんたいてい「そんなことわかっています」。とおっしゃいます。

「二時間で終われるわけがないでしょう」。そんな声も多数。

けれども冷たく感じるかもしれませんが、ネトゲへの集中は、気力と体力をひどく消耗させます。多くても二時間程度にとどめないと、どんどん調子を崩してしまうのです。

「わかっているけれど、今日だけ」。その繰り返しが、はまるということです。

あなたに元気になってもらいたいから、私はその一心でお願いします。

二時間でゲームの電源を切って、現実の世界に戻ってきてください。

バーチャルの世界にどっぷりいても、あなたを癒やすリアルなものは、たぶん手に入らないから……。

眠る前にラストスマイル「今日もよく頑張った」

眠りは、私たちの健康にとても重要なものです。良く眠る。そのために大切なのが、眠りに入る直前の過ごし方です。一日のフィナーレには「今日もよく頑張った」のスマイルを、自分にプレゼントしましょう。

ベッドに入って、目を閉じる直前に、ほんの少し口角を上げるだけでＯＫ。あなたの「動」のスイッチをオフにする前に、もう一度、口角上げを行いましょう。いいことがあったり楽しかった日は「幸せな一日に感謝」の「よく頑張った」スマイルを。思うようにいかなかったりつらいことがあった日は「ひとまず今日は終わった」の「よく頑張った」スマイルを。

今日は終わり、新しい明日が来る。「よく頑張った」の言葉によって、今日の心をリセットするのです。

いやな気分を引きずるとぐっすり眠れないので、心や体に悪い連鎖を招きやすくなります。「明日もまたいやなことがあったら……」と煩うことで、潜在意識がいやな気分を引き寄せるとも言われています。でも逆に、ハッピーな気分を明日に引きずるのも考えもの。翌日いやなことが起こった際に、前日の気分と比べてしまい、不要なギャップを感じることになります。

良かったことも、悪かったことも、明日に引きずらず、今日でリセットを。

眠りに入る直前の口角上げは、新しい明日を過ごすための儀式です。

すべての思考と感覚をオフにして、眠りとともに、心に静寂を呼び込みましょう。

その心地良い静けさを味わいながら、ぐっすりと、おやすみなさい……。

少年は大志を抱かず、良かったことは良しとして
うまくいかなくても、こんなもんだと満足す。
——所ジョージ（タレント）『N O 1 のしあわせ』

chapter 5

自分で決めた、スマイルフルな毎日を

chapter 5では、自然体のスマイル生活に向けて、
あなたをもっと笑顔に導く方法を取り上げていきます。
ストレスの多い毎日でも、自らが決めて自らを認められるようになると、
知足（足ることを知る）が得られ、スマイルフルな人生が広がります。

「笑顔」は、ストレスフルな毎日の防波堤

私たちは、毎日かなりのストレスを強いられた中で暮らしています。そのため、ストレスに対して無防備だったり、忙しさに追われてストレスを十分に緩和できなかったりすると、世の中に渦巻く「負」のエネルギーに取り込まれてストレス過多の状態になり、心身に異変をきたしやすくなります。

ストレスはたまったと感じた時（できれば感じる前）にうまく発散できればいいのですが、仕事中心の毎日では、なかなかその余裕を持てない方も多いようです。あるいはストレスがたまりすぎて、逆に自覚症状を感じにくくなっている方もいらっしゃるのではないでしょうか。

これまでお伝えしてきたように、「笑顔」はストレスの解消に有効な方法です。テレビがあまり面白くなくても「あはは」と笑ってみる、「あの野郎（にっこり）」などと「にっこり」＋笑顔を生活の中に散りばめる、食事をしながら「あー、おいしい」と声に出す

……。日常のいろいろなシーンに笑顔を取り入れていくことで、ストレスは確実に軽減します。しかも笑顔は、ストレスを受けそうな場面で、あなたを守る防波堤にもなってくれます。

強烈なストレスが来そう……。そんな場面では「愛想笑い」をマスターしましょう。いやな場面、もめごとが起きそうな展開、苦手な人と対峙する時など、ストレスを感じる状況を、愛想笑いで切り抜けるのです。

そのポイントとなるのも「口角上げ」です。「この場面、しんどい」と思ったら、まず口角を上げてみる。返答を求められたら「そうですね」「考えてみます」「少しお時間をいただけますか」などと答えて、愛想笑いです。自分にスマイルパワーを残していれば、その場はダメダメにならず、切り抜けられます。

「そんな……。いつも口角を上げてたらアホだと思われるじゃないですか」というご意見もあるでしょう。

でも誰しも心と体が健康でなければ、長く思うように戦い続けることはできません。

全身に力をみなぎらせて、戦いモードをフルにして、真正面からぶつかるという戦い方も、パワーがある時はいいと思います。けれども調子が良くなかったり、「弱ってるな」という自覚がある時に、そんな戦い方をしても消耗してしまうだけです。

やりすごせる場面は、愛想笑いで切り抜けるのもひとつの手。

今自分に必要なものはなにか？　今の自分にとってベストなのはどんな戦い方か？

といったことを考えていただきたいと思います。

人生って、実は、私たちが思っている以上に長いように思います。これまで自分に向けられるストレスを精一杯受け止めようとしてきたり、いつも真剣勝負で挑んできたり、人のことをきちんと考えてきた方こそ、自分を守るために、愛想笑いを身につけていただきたいのです。

そうやって自分を守り、元気とやる気を取り戻したら、再び戦いモードのスイッチを押してもＯＫ。その時には「戦う」という発想も、変化していると素敵ですね。

自分の感受性くらい
自分で守れ　ばかものよ
――茂木のり子（詩人）『ポケット詩集』

「大切な人」を大切にする

「あなたが大切だと思っている人は誰ですか?」

この問いに、心に正直になって、答えていただけますか?

「あなたは、その人を大切にしていますか?」

この問いにも、正直な心で向き合ってみてください。


あなたが一番笑顔を向けるべき相手は、あなたが今、思い浮かべた方です。

「大切な人を大切にする」というのは、当たり前のようでいてなかなか難しいことです。

現代は、そのバランスが崩れているというか、本来は大切な人なのに、相手の心にアクセスすることなく、物理的、物質的な面だけでつながっていたり、大切じゃない人に関わっている時間が多かったりします。しかも「これは損か得か」「どちらが先か後か」といった物差しを持たされてしまった現代人は、「これをやると、どうなる?」と、結果をまず想定してしまう癖がついているので、「純粋に大切と思う」とか「純粋に大切にする」といったことが、できにくくなっているように思います。

でもそんなふうに目先の判断で生き続けていたら、笑顔のアクセスさえも「これは損か得か」「これをやると、どうなる？」というふうに脳がプログラミングされてしまうようで、ちょっとこわくなりませんか？


なにも考えず、大切な人がいたら、笑いかけていただきたいです。

相手の顔をちゃんと見て、笑いかける。

人と人とのつながりが希薄な時代ですから「そんなことをして、なんの意味があるの？」と思う方もいるかもしれません。でも「そういう関係も悪くないかも……」と多少でも感じるようなら、**今、大切だと思う人には、自分から笑いかけてみてください。**

どんな手練手管《てれんてくだ》なアピールより、純粋な笑顔のほうが断然伝わります。

純粋に笑顔を交わし合える間柄って、心と心のつながりを実感できるし、お互いに喜び合うことができますし、つらい時には泣き合うこともできます。そういう一方通行ではない相手を持つことが、人としての幸せを味わうことにもつながるんじゃないかな、と私は感じています。

人は誰でも「ひとりじゃない」と感じられる瞬間がほしいもの。ひとりじゃないと実感したり誰かから満たされた経験が、誰かを愛するさらなるパワーを育んでくれます。これは家族や恋人、友だちなど身内との関係に限ったことではありません。一緒に仕事をしている同僚や上司、部下、同じような思いを持つ仲間とのいい関係も、笑顔を交わし合ったり意見をぶつけ合ったりするところから始まり、お互いの関係が深まる中で、やがて真の信頼や愛情が芽生え、「仲間だな」「同志だな」と感じられるようになるのだと思います。

大切な人を、ちゃんと大切にしてみよう、と決めてください。

そして、その方とあなた自身のためにまずは「笑顔」を。

しんどいことも伝える勇気を持つ

クリニックでメンバーさんと話していると、「自分の状態が万全でないことを、周囲の人に伝えられない（伝えにくい）」といった話もよく聞きます。

たとえば残業や休日出勤が続いて、疲れがたまっていたとします。それでも無理に無理を重ねて、必死に日々の仕事をこなしていたら、ある日、仕事中に急に気分が落ち込んで、仕事に集中できなくなってしまった。

あなたがもしこんな事態になったら、どうしますか？

「体調が悪いから、今日は失礼します」と言うことができれば簡単ですが、動揺を隠しながら脂汗が出るまでガマンしてしまったとか、しんどいあまり上司や同僚にものすごく失礼な態度をとってしまった、といった話もよく聞きます。

「弱みを見せられない」「ダメな奴だと思われたくない」「他の人も忙しいので、迷惑をかけられない」といった気持ちから、体調が悪いことをなかなか言い出せないという状況もよくわかります。

でも、それでもあえて「伝える勇気」を出していただきたいと思います。

過度なガマンは、いい結果を生みません。調子が悪いことを伝えなかったばかりに、周囲が気づかないまま、あなたのガマンだけが増していって、調子がさらに悪くなり、事が大きくなってしまうことも考えられます。自分の状態が把握できなくなるまでガマンを重ねてしまった結果、誰も信じられなくなって、態度が硬化してしまうこともあります。体調が戻った時に「あの時、どうしてあんな態度をとってしまったのだろう」と悔いを感じないためにも、調子が悪いと感じたら、できれば早めに周囲にSOSを出しましょう。

そこでも重要なのは口角です。気分がすぐれない状態にあったとしても、そのことを受け止めてくれた上司や同僚に「すみません」「ありがとう」「よろしくお願いします」といった気持ちを伝えるために、かすかでもいいので口角を上げていただきたいのです。そうすることで、相手も「お大事に」といった言葉が出やすくなります。

つまりここで口角を上げるということは、相手に自分の気持ちをしっかり伝えるとともに、好感度を上げましょうということでもあるのです。

「好感度」。なんとなく計算ずくのイメージがありますが、この状況で好感度を上げておくことは、この先のあなたを守る（＝自分の居場所を過ごしやすいものにする）ことにつながります。

職場や公の場で、自分の身を守るというのは最も大切なことで、絶対にやっておいた方がいいことです。口角を上げるくらいでそれができるなら、大いにやりましょう。

人間のみがこの世で苦しんでいるので笑いを発明せざる得なかった
――フリードリヒ・ニーチェ（哲学者）『権力への意思』

他の人との距離感を、自分で測る

スマイルのパワーを使って、自分をできるだけ心地良く、ラクな方向に持っていこうというアプローチを続けてきましたが、ここで少し、他の人との距離感について触れておきたいと思います。

現代は、人との良好な距離感がつかめない人が増えているように思います。

趣味や感性が合ってひとたび盛り上がると、必要以上に距離を縮めたくなる。

でもちょっと飽きてきて、縮まりすぎた距離から普通の距離に戻そうとすると、亀裂が走りそうで怖くなってくる。

結局、近すぎる距離のまま、ずーっと関係を続けているという息苦しい状況も多く生まれているようです。

私はかねてから「日本人って、かなりお人好しな民族だなあ」と感じてきました。というのも、他の民族に比べて「人に合わせる」という調和的な部分を多く持っていると思うからです。

よけいないさかいを避けて、調和を保つのはとても美しい文化ですし、みんながハッピーになるためにも必要なことです。でも私たちは、その習慣があるゆえに、ときに他の人に合わせ過ぎていないでしょうか？

最近よく耳にするのが、出会った頃は良好な関係を保っていたけれど、相手がいっきに距離を縮めてきて、それをうまく回避できずに「なあなあ」でいるうちに取り込まれて、しんどい関係を続けているといったケースです。

「人に合わせる」という気持ちが潜在的に強いと、近すぎる距離をうっとうしく思いながらも、なんとなくその関係に慣れてしまい、「これはこれでいいかな」といったあいまいな気持ちを抱くようになります。

自分の孤独感をなんとなく埋めてくれる（＝一緒にいると退屈しない）。

孤独感を埋めてくれる人を、できれば離したくない（＝ひとりぼっちは避けたい）。

お互いそんな感じで慣れ合っていた中で、なにか状況が変わって一方が距離を置こうとしたら、その瞬間、もう一方がガックリきたり傷ついたり、「裏切られた」と感じる。そういうコミュニケーション上のトラブルが増えているように思います。

本来、近すぎていた関係が、ごくふつうの人間関係の距離に戻っただけで、裏切るもなにもないのですが、そこから始まったほころびを、残念なことに双方が修復できず、極端な関係の終焉を迎えることも多いようです。

人と人との距離はとてもデリケートで、離れすぎていると心が通いませんし、近すぎてもまた、心が見えにくくなります。でもそれだけに周囲の人々との距離感に敏感でいることが、今の時代とても大切になっているのではないでしょうか。

「笑顔」を基準に、それぞれの人と適度な距離感を測ってみませんか。

その人と良好な関係が続けられて、お互いの笑顔がちゃんと見える距離を、自分で測ってみるのです。

そのためには、心に静寂を感じる用意があるといいと思います。

静寂とは、朝、目が覚めてなにも始まっていない「静けさ」の状態です。

私たちは誰もがひとりで目覚め、ひとりで眠りにつきます。それは、人間だけでなく、すべての生きものが持つ「孤独感」です。その孤独感を、いつでもしっかりお腹の中に持っていられるように、朝は、その静けさを十分に感じていただきたいのです。

静寂のある場所は、けっしてひとりぼっちの寂しい場所ではなく、あなたを原点に戻してくれる一番安心で自由な場所です。

一日の始まりに、できればベッドの上でゆっくりと深呼吸しながら、穏やかな静けさを心ゆくまで味わって、安堵感を得てください。そうすると、あなたは周囲の感情の波に必要以上に巻き込まれることなく、いつもリラックスした状態でいられるようになっていきます。

相手との距離も、落ち着いた気持ちで測れるようになれるし、距離が近すぎると感じたらさりげなく離れてみたり、必要以上に距離をとりすぎていた人とも、怖がらずに安定した距離でつきあえるようになるでしょう。

どんな人とのおつきあいも、お互いの笑顔が見える距離で。そうすることで、あなたも安定した心のコンディションを手に入れることができるようになると思います。

人間の社交本能も、
その本質はなにも直接的な本能ではない。
つまり、社交を愛するからではなく、
孤独が恐ろしいからである
――アルトゥル・ショーペンハウアー（哲学者）

ここ一番で「ケツをまくる」

言葉はあまり美しくないですが、私が生きる上でかなり大切だと感じていること。

それが「ケツをまくる」です。

この言葉、もとは「逃げる」「反抗的になる」「やめる」といった意味があるようですが、ここでは「開き直る」「決心する」「必死になる」という意味で使っています。

そうはいっても、「ケツ」ってなかなかまくれないもの。追い込まれて、追い込まれて始めてまくれるものだと思います。（言葉が美しくないですね。ごめんなさい）

私がこの「ケツをまくる」ことの大切さを感じ始めたのは、自分の劇団で演出を担うようになってからです。芝居を演じる役者さんの中に、「ケツをまくれない」人がいると、芝居という大きな「嘘（フィクション）」が成立しなくなってしまうのです。

演出する立場から見て、「ケツをまくれない」役者とは、

(一)テレ（緊張）がある。
(二)集中しきれていない。
(三)周囲の目を気にしている。
(四)上手だと思われたい。

といったことが挙げられると思います。その人は周囲の目や評価が気になって、なりふり構わず必死で演じる覚悟ができていない状態なのです。

観客として芝居やイベントの出しものを観る時、舞台の上で妙に照れたり緊張している人がいると、その人ばかりに目がいって、出しものに集中できないという経験はありませんか？　それこそが「ケツをまくれない」人の典型です。他の役者が必死に演じる中で、その人のよけいな「自我」が、観客にも伝わってしまうのです。

こういう時、演出する者はそれこそケツをまくって、役を演じることに集中できるようその役者を追い詰めていきます。それが芝居のためにも、他の役者さん、ひいては本人のためにもいいと確信しているからです。そして、その人がめでたく自我を捨て去り、自分のなりふりを気にせず演じるようになると、ようやく「芝居」として成り立つようになります。

人には誰でも「自我」――たとえば自分がかわいい、自分を大切にしたい、といった思いやこだわりがあると思います。けれども仕事や社会活動の場で、自我を執拗に持ち続けると、プロジェクトやその人間関係に支障が出てきます。

ときには「よし！　ここでケツをまくるぞ」と決めてかかることも大事なのです。自分で「ケツをまくる」と決めないで、あやふやに「ちゃんとやろう」と思っている程度では、なにかあればすぐに、その場に不要な自我が顔を出してきます。

なんとなく周囲の人とコミュニケーションがとれていないなと感じたり、あなたにそんなつもりはないのに「自分くんだね」「仕事をなめているように見える」といった**不本意な評価をされた時には、「ケツをまくる」と決めてみてください。**

みんながケツをまくって取り組んでいるプロジェクトでは、メンバーが意識している以上に仲間意識が強まっていて、深いところで信頼のタッグを組んでいたり、いい仕事をするために結束力をとても大切にしていたりします。その中で、自分もケツをまくってしっかり集中していくと、不思議なことに周囲の評価も変わってくるのです。

私の経験からしても、不本意な評価を消すには、周囲の流れにのって、自分の自我が出る幕のないところまで必死に取り組むという方法が、一番効果的なようです。こうした体験はとても貴重だと思うし、自分を必ずハッピーに導いてくれます。

同じ目的を共有する誰かと一緒にケツをまくるのでもいい。自分が決めたことに、自分でケツをまくるのでもいい。なにかひとつ必死になって立ち向かってみてください。そうすると、あなたの中から必要のない自我が消えていきます。自我が消えたあとには、ちょっと自由になれた自分に気がつくことができるかもしれません。

笑われること、怒られることを気にしたら、前に進めない
——本田圭佑（サッカー選手）

自分の理想を生きてみる

chapter3で「イケてる感じ」に触れましたが、あなたにとって「イケてる感じ」あるいは「いい生き方」の定義とは、どんなものでしょうか?

社会生活が長かったり地位がある方ほど、周囲の評価を気にする傾向が強いように見受けられますが、私は、周囲の評価よりも前に、自分にとっての「イケてる感じ」「いい生き方」のイメージを明確にしておくことが重要ではないかと考えます。そのほうが、どんな時やどんな状況でも、進みたい道がぶれにくくなると思うからです。

私の知人に坂本龍馬が大好きで、その生き方を尊敬し、なにか問題にぶつかったら「龍馬さんならどうするだろう」「龍馬さんならどう考えるだろう」と必ず考えるようにしている、という方がいらっしゃいます。

その方は「坂本龍馬が亡くなったのが三十二歳。自分がその年齢を超えてしまった時、これから自分の指針をどう持てばいいか、ちょっと惑ってしまったよ」と苦笑いで告白してくださいました。私はその話を伺いながら、その方の純粋な思いが感じられるいいエピソードだなあと思いました。

「イケてる感じ」や「いい生き方」のイメージを持つには、誰か尊敬できる人の生き方を、自分の指針として取り入れるのもひとつの方法だと思います。あるいは、いろいろな人の尊敬できる部分をいいとこどりしながら、自分らしい理想の生き方を考えてみるのもいいと思います。

これまでハイペースで走り続けてきて、「このままでいいのだろうか」と立ち止まった時などに、できればあなた自身としっかり向き合って、あなたの理想について考えていただきたいのです。

理想というのは一生同じである必要はない、と私は思っています。

社会は常に変化しています。理想だって、自分の経験の積み重ねによって変わっていってもおかしくないと思います。ですからまずは、**今の自分が考える「いい生き方」を、**

自分の心に尋ねてみてください。

たとえば「いつも前向きに取り組んでいる自分」「〇〇をやり遂げていく自分」など。気に入った言葉があったら、メモして財布やパスケースなどに入れて持ち歩くのもいいと思います。そうすれば気持ちがへこみそうになった時や、迷いが生じた時に、いつでもメモを取り出して、自分の理想を確認することができます。

気に入った言葉を眺めるという行為は、その言葉を潜在意識にしっかりしみこませることができるので、夢の実現にもおすすめです。

「いい」ことを思い描く時、脳はポジティブに働き始めます。頭の中にいいことが描けたら、ひょいと一発スマイルを浮かべてみてください。さらに、「イケてる感じ」が脳にインプットされて、活性化しますから。

目を星に向け、足を地につけよ
――セオドア・ルーズベルト（第二十六代米国大統領）

自分で癒し、自分で再生する

調子が悪い時は、無理をせずに休息をとりましょう。

休息をとって元気を取り戻した時、その時が勝負どころです。

そのままフリーズしてしまうと、立ち上がるのに時間がかかることがあります。

ですから、復活できそうな気配を感じた時は、ちょっと重い腰を上げてみてください。

たとえば少しだけ頑張って散歩に出てみると、きれいで感動的な夕日に出会えるかもしれません。もしくは道で偶然、魅力的な異性と言葉を交わすような出来事が起きて、いい気分になれるかも……。

ちょっとしたことでも心が軽くなったり、気分が晴れやかになったらラッキーですよね。そのラッキーはありがたく味わいましょう。あなたがパワーを出して行動したからこそ得られたギフトなのですから。

もちろんせっかく出かけても、ラッキーやギフトを感じられない時もあるでしょう。

なにもないのがふつうですから、それは仕方がありません。出かけたことで気分転換ができたこと、自分が腰を上げられたことを慈しみましょう。

いいことがあっても、なにもなくても、コンスタントに自分で自分を癒せる。

これが肝心です。

調子を崩していったん沈んだ心の舟を、海底から引っ張り上げるのは大変なことです。船の中には水がいっぱいたまっているし、さびついている部分もあるかもしれない。けれどもそれらを一度リセットしないと、ずっと同じような日々が続いてしまいます。

今の自分は、今しか存在しません。今の自分を楽しめるのは、今だけなのです。

「今、俺の舟はちょっと沈んでいるな」と感じるなら、「大丈夫。きっと良くなる」のスマイルを自分に贈ってあげてください。毎日少しずつでもいいから、自分に「大丈夫」スマイルを贈り続けていると、舟にたまった水やさびも少しずつ減っていきます。

「大丈夫」のスマイルは、自然治癒力を高め、あなたを癒しへと導いてくれます。これは周囲の人からの愛情や声かけによってもたらされる癒しではなく、あなた自身の復活力がもたらしてくれる癒しですから、とても意味のあることなのです。

私たちはとかく「愛して」「守って」「助けて」「救って」などと、人になにかを求めたり願ったりしがちです。しかも願うものが手に入ったら、今度はそれが失われるのを怖れて執着するようになり、それで心のバランスを崩すこともあります。その点、自分でもたらす癒しは失う心配がなく、むしろ自足の喜びを感じさせてくれます。

まずは、自分で自分を励ましたり、勇気づけたり、再生できるよう行動してみましょう。うまくいったら「よしよし」のスマイルです。

自分を癒し、自分を再生させることができるようになったあなたのスマイルは、きっとすこぶるチャーミングだと思います。

自分の笑顔に自信を持とう

自分に自信のある人って、世の中にどれくらいいるのでしょう？

私はとてもじゃないけれど「自信があります」とは言えません。不安や心配なんて毎日のように感じているし、むっとしたりイライラもするし、自分の懐の小ささに自己嫌悪することもしょっちゅうあります。クリニックでも「自信が持てない」とおっしゃるメンバーさんは多く、調子が悪いほどその傾向は強いようです。

でも私は、「笑顔」についてはいつでも誰でも自信を持っていいのではないか、と思っています。なぜなら笑顔には、その場の空気を和ませたり、周囲の人をハッピーにする力が確実にあるから。どんなにダメダメな状態にある人でも、笑顔によって人をハッピーにすることはできるし、実際に笑顔をもらった人も元気になれるのです。

「女は愛嬌」という言葉がありますが、今の時代は、男性も女性も愛嬌が必要だと思います。愛嬌、つまり「笑顔」です。しかも「自信がない」と思っている人ほどスマイルを強みにしてほしい、と私は考えています。

笑顔を出すにも、勇気や決意、パワーが必要です。そうやって自らの持てる力をいくつも使って笑顔が作れるあなたは、堂々と自信を持って大丈夫です。

「とりあえず笑っとけ」でもいいと思います。


どんな笑顔でも、自分でちゃんと作れる人は偉いのです！


私たちには「承認欲求」というものがあります。「自分を気にかけてほしい」「自分を認めてほしい」「自分を必要としてほしい」「自分を愛してほしい」といった欲求です。そうした思いが満たされないから、人は孤独感や寂しさを感じたり、むなしさを募らせて、調子を崩してしまうのです。

残念ながら、地球上の全員が「私を気にかけて！」と願っているのですから、自分の承認欲求だけが満たされるというのは厳しいでしょうし、現代は人と人とのつながりが希薄なことが多いので、パーフェクトに欲求を満たすのも難しいでしょう。

でもそんな時も、笑顔なら「あなたを認めているよ」というメッセージをひとまず伝えることができます。そして笑顔をもらった人も、笑顔をお返しすることで「私も、あなたを認めているよ」というメッセージを送ることができます。

人から笑顔をもらうと、なんだかちょっとわかってもらえたような、受け止めてもらえたような気分になりませんか？　それを自分からプレゼントするのです。

笑顔のプレゼントは、相手の承認欲求を満たしてあげられる、一番簡単で、今すぐできる方法のひとつです。いろいろな人に笑顔をプレゼントできるようになると、自分でも嬉しくなってきて、素敵な気分になれそうな気がしませんか？

どうぞ、あなたの「笑顔」に自信を持ってください。

あなたの笑顔には、とても「力」があるのです。

他者を幸福にすることが、一番確かな幸福である

——フレデリック・アミエル（哲学者）

男性の笑顔で「スマイル社会」を浸透させよう

私は女性ですから、正直なところ「日本はまだ男性中心の社会だなあ」と感じることがあります。女性も少しずつ社会の中で活躍の場や地位を確立していますが、やはりビジネスの重要な局面では、まだまだ男性が決定権を持つことも多いようです。

それならばぜひとも、その男性のパワーと発信力を発揮して「スマイル社会」を浸透させてほしいなと思います。日本の社会全体にもっともっとスマイルがあふれるようになったら、とてもハッピーで真の強さを持つ国に発展するのではないかと思うのです。

このところ日本は超高齢化社会に突入していて、人と人とがふれあうコミュニケーションが昔以上に求められています。けれども現実は、世の中のスピードがますます速くなって、日常的なコミュニケーションの大半が、ＩＴ化されたツールで済まされるようになっています。

便利になって、いろいろなことを速くたくさん処理できるようになった一方、子どもから大人まであまりに忙しく、笑顔＝ハッピーを誰かに渡す余裕がなくなっています。「とにかく自分のことをしなければ」「自分たちが幸せならＯＫ」といった小さな幸せ感が蔓延していて、結果、みんなを幸せにするようなワイルドでダイナミックなスマイルも、社会からどんどん失われているような気がするのです。

「スマイル社会」という発想は、そんな殺伐とした雰囲気に歯止めをかけてくれるのではないでしょうか。

ビジネスや社会活動の第一線で活躍している日本の男性が、みんなもっと笑顔になれたら、日本人のイメージもきっと大きく変わると思います。

まじめで、器用で、緻密で、礼儀正しいといったこれまでの評価に加えて、明るくて、元気で、チャーミングといったイメージがプラスされると思います。もちろん家庭でも、お父さんが笑顔でいてくれると、家族は絶対に嬉しい！　女性や子どもはもともとスマイルな雰囲気が大好きだから、パパの笑顔や社会の男性たちの笑顔を敏感にキャッチして、快く受け入れるでしょう。そして自分たちも、ますますスマイルパワーを発揮していくと思います。

日本の男性が笑顔を発信していくということをイメージするだけで、こんなにハッピーな展開が浮かんでくるのです。シブい殿方も素敵ですが、爽やかな笑顔の男性も、女性や子どもから見れば好感度大・大・大です！

どうか世の中をもっと明るくするために、日本男子にもどんどんスマイル発信をお願いしたいと思います。

こっちが笑えば、向こうもにこっと笑う。それがいちばん大事なんだ

――水木しげる（漫画家）

エピローグ

この本を読んでくださいまして、ありがとうございました。

厳しい社会をなるべく気分良く生き抜いていただくために、この本が少しでもお役に立てたら、これほど嬉しいことはありません。

この本を書かせていただいたことで、私たちの社会をしなやかで強靭なものにするためには、笑顔の力が必要なのだと改めて確信することができました。

みなさんが、より元気に自分の望む道を歩まれますように……。

私もこの確信を胸に、笑顔の力をアピールしまくって生きたいと思います。

最後に、日々たくさんの気づきをくださっているクリニック関係者の方々、執筆にあたってお世話になった編集チームに心からの感謝&スマイルをお届けします。

リワーク・インストラクター　山﨑ふら

ほんの一例

おすすめBOOKS

心が疲れた時や、ふっと迷いが生じた時に、これらの本を手にとってみると、なんらかヒントが得られるかもしれません。多くの人に読み継がれていて、ページをめくるだけでも癒されたり、元気になれるBOOKSを、ほんの一例ですが紹介します。

●『「原因」と「結果」の法則』(ジェームズ・アレン著　サンマーク出版刊)
●『考えない練習』(小池龍之介著　小学館文庫)
●『「なりたい未来」を引き寄せる方法』(石原加受子著　サンマーク出版刊)
●『「脳にいいこと」だけをやりなさい！』
(マーシー・シャイモフ 著　茂木健一郎訳　三笠書房刊)
●『結局、自分のことしか考えない人たち』
(サンディ・ホチキス著　江口泰子訳　草思社刊)
●『傷ついた感情へのいやし』
(マーティン・H・.パドヴァニ著　大西康雄訳　ヨルダン社刊)
●『「心」はからだの外にある—「エコロジカルな私」の哲学』
(河野哲也著　日本放送出版協会刊)
●『成功の実現』(中村天風著　日本経営合理化協会出版局刊)
●『道のむこう』(ベルンハルト・M・シュミッド著　ピエブックス刊)
●『手塚治虫のブッダ救われる言葉』(手塚治虫著　知恵の森文庫)
●『四つの約束』(ドン・ミゲル・ルイス著　松永太郎訳　コスモス・ライブラリー刊)
●『「気づき」の呼吸法』
(ゲイ・ヘンドリックス著　上野圭一監修　鈴木純子訳　春秋社刊)
●『モリー先生との火曜日』(ミッチ・アルボム著　別宮貞徳訳　ＮＨＫ出版刊)
●『執着しないこと』(アルボムッレ・スマナサーラ著　中経出版刊)
●『仕事・人間関係どうしても許せない人がいるときに読む本』
(心屋仁之助著　中経出版刊)
●『「怒り」がスーッと消える本』(水島広子著　大和出版刊)

山﨑ふら　（やまざき　ふら）
リワーク・インストラクター、「劇団まるおはな」主宰

東京都生まれ。幼少よりダンスを習い、NHKプロモートサービスアクターズゼミナールにて演劇を学ぶ。1998年、医療法人社団こころの会タカハシクリニックにて、デイケア講師として「ダンスワーク」を担当。2001年、演劇ユニット「まるおはな」（現・劇団まるおはな）を主宰・旗揚げし、芝居の作・演出を手がける。その経験を生かし、俳優志望者や一般の人に向けて「自己表現」や「表情」に関するワークショップを開催。2010年より品川駅前メンタルクリニックのリワークキャンパスにて「表現法ワーク」を開始。現在、都内各所のメンタルクリニックで、表現法やストレッチ、ダンスの講師を務める。

Special Thanks　高橋龍太郎（「医療法人社団こころの会」理事長）
福田博文（「こまごめ緑陰診療所」所長）
小林ひとみ（サイコドラマ弦）　敬称略

カバーイラスト　田村　幸
撮影（著者近影）　栗栖龍二
校正　良本淳子

いまラクになる「笑顔」の本 ～男性編～
2014年4月11日　第1刷発行

著　者　山﨑ふら
ブックデザイン　田村　幸
発行者　木村由加子
発行所　まむかいブックスギャラリー
東京都港区芝浦3-14-19-6F
TEL.03-6271-9157　FAX.050-3066-7337　URL www.mamukai.com
印刷・製本　シナノ書籍印刷株式会社

©FURA YAMAZAKI
Printed in Japan

ISBN 978-4-904402-36-8　C0030

＊落丁・乱丁本はお取り替え致します。
＊本書の一部あるいは全部を無断で複写複製することは、法律で認められた場合を除き、著作権侵害となります。
＊定価はカバーに表示しています。

Smile's books for happydays by FURA YAMAZAKI
First published in Tokyo Japan,Apr 11,2014 by MAMUKAI office,Co.ltd
3-14-19-6F Shibaura,Minato-ku,Tokyo 108-0023,JAPAN
+81 3 6271 9157 www.mamukai.com